J. Gold

Rolf Sonne

Bibliografische Information der Deutschen
Nationalbibliothek:
Die Deutsche Nationalbibliothek verzeichnet diese
Publikation in der Deutschen Nationalbibliografie;
detaillierte bibliografische Daten sind im Internet über
http://dnb.dnb.de abrufbar.

Lektorat: Peter Thomas
Umschlaggestaltung: Fredrik Forsblad
Umschlagmotiv: jplenio/pixabay

Herstellung und Verlag: BoD – Books on Demand,
Norderstedt

ISBN: 978-3-7460-2598-8

Am Stillen Ozean stand ein weißes Haus.

Vor dem Haus hatte ein Lastwagen gehalten, und aus seinem Inneren wurde ein dreieckiges Paket, das so groß und schwer war, dass drei Männer zum Ausladen erforderlich waren, seitlich und hochkant auf einen Rollwagen geladen und danach ins Haus bis vor eine Treppe geschoben, die hinauf in den ersten Stock führte. Zwei der Männer legten sich Tragegurte an und hievten, zogen und zerrten die schwere Ladung Stufe für Stufe nach oben, während der dritte den Rollwagen hinterhertrug. Oben angekommen, setzten sie das Frachtgut wieder auf dem Wagen ab und rollten es über den Gang bis vor einen Raum, aus dessen weit und einladend offenstehenden Doppeltüren helles Sonnenlicht drang. Nachdem die Türschwelle passiert und das Paket in der Mitte des Raumes abgesetzt worden war, befreiten die Männer den sperrigen Inhalt aus seiner Verpackung und setzten ihm Beine mit Rollen an. Rolf Sonne, der sich eine Zigarette angezündet und den ganzen Vorgang schweigend am Fenster stehend beobachtet hatte, sagte schließlich:
„Prima, meine Herren. Drehen Sie den Flügel bitte jetzt noch so, dass man beim Spielen Aussicht aufs Meer hat."
Die Männer taten wie geheißen, gaben dem Instrument die gewünschte Richtung, sammelten dann mit von großzügigem Trinkgeld befeuertem Eifer das Verpackungsmaterial ein und verabschiedeten sich. Rolf Sonne, die Zigarette im Mundwinkel, rückte die Klavierbank zurecht, nahm aber noch nicht Platz, sondern umkreise den Flügel mehrmals mit dem

abschätzenden Blick des Kenners, so als hätte er einen neuen Wagen vor sich. Dass seine Frau sich bei der Farbwahl für das Instrument etwas außergewöhnlich Anmutendes aussuchen würde, hatte er geahnt, hatte sich jedoch standfest vorgenommen, als Geste von Langmut und Duldsamkeit und auch des guten Willens gegen keinen ihrer Vorschläge aufzubegehren, wie ausgefallen es auch kommen möge, und jetzt war es sehr ausgefallen gekommen, denn der neue Flügel gleißte in der schräg in den Raum stechenden Nachmittagssonne mit seiner ganzen Strahlkraft wie ein gigantischer Block gelben Edelmetalls in der vom Hersteller ‚Bahama Gold Metallic' genannten Sonderlackierung. Rolf Sonne hatte keine besseren Vorschläge gehabt – das ewige und für Klaviere so typische und oft gesehene Schwarz erinnerte ihn an Tod und Trauer, auch mit Weiß mochte er sich nicht anfreunden, und jene Instrumente aus braunem Nussbaumholz schienen ihm wie aus Planken altmodischer Wohnzimmerschränke seiner alten Heimat zusammengeklebt. Und das schließlich ausgewählte Gold war vielleicht doch noch weniger ungewöhnlich als die ursprüngliche Idee seiner Frau, den neuen Flügel aus durchsichtigem Plexiglas herstellen zu lassen.

Rolf Sonne beendete seine prüfenden Runden um die teure Neuerwerbung, stellte den Aschenbecher darauf ab, nahm an der Tastatur Platz, legte die Zigarette ab und spielte die ersten Noten, was ihm aber keine Freude bereitete, denn das Instrument war verstimmt, man musste also zunächst noch einmal den Klavierstimmer kommen lassen, bevor es einsatzfähig war.

Von draußen trippelten Schritte heran, und in der großen Öffnung der Doppeltüren stand ganz klein Rolf Sonnes Tochter, einen roten Ball in den Händen. Sie hielt dort, den Kopf wiegend, noch einen Moment inne, lief dann ins Zimmer, ging, um den Ball sorgfältig auf dem Boden ablegen zu können, mit einer drolligen Bewegung in die Knie, krabbelte danach ihrem Vater auf den Schoß und blickte mit großen Augen auf das sonnig schimmernde Instrument. Die plappernden, von lustigen Gesten untermalten Kommentare, mit der sie ihre Meinung über den neuen Flügel kundtat, konnte Sonne nicht verstehen, aber er freute sich über die ansteckende fröhliche Stimmung der Kleinen, tätschelte übermütig ihre Wangen und küsste sie, sie aber entzog sich kichernd seiner Zuneigung und wischte sich mit dem Ärmel den Kuss ab. Dann rief von unten jemand seinen Namen, zweimal, ohne dass er reagierte, und schließlich klapperten Schritte die Treppe hoch, und Rolf Sonnes Frau betrat den Raum. Wie ihr Mann zuvor umrundete auch sie das goldene Instrument ausgiebig, dabei wortreich wie lautstark dessen luxuriöse Erscheinung preisend, ihre übertriebene Begeisterung mit ausladenden Handbewegungen untermalend, danach abrupt das Thema wechselnd und ihren Mann daran erinnernd, dass man heute Abend bei den Nachbarn speisen würde, und sie bat ihn, er solle sich schick machen und sich nicht wieder kleiden wie jemand, der in den Straßen wohnte, damit hätte er sie bei der letzten Gelegenheit nachhaltig unmöglich gemacht. Danach angelte Frau Sonne ihre Tochter vom Schoß ihres Mannes und verließ das Musikzimmer, und

er hörte, wie ihre Schritte zunächst die Treppe hinunter-, dann über den Marmorboden in der Eingangshalle klapperten, bis das Klappergeräusch mit einem Mal aufhörte, und er wusste, dass sie jetzt den weichen Teppich des Wohnraums erreicht hatte. Er widmete sich zunächst wieder in langen Zügen seiner Zigarette, klimperte dann erneut ein paar Töne auf dem goldenen Flügel, fand aufgrund ihrer Unreinheit jedoch immer noch wenig Gefallen daran, erhob sich, trat ans Fenster und betrachtete die horizontalen Streifen der kalifornischen Sommertrikolore: Türkiser Himmel, blauer Ozean, goldener Strand. Gedankenlos rauchte er dabei die Zigarette zu Ende, griff dann nach dem Telefon, um den Klavierstimmer anzurufen, wusste jedoch dessen Nummer nicht, schlug im Telefonbuch nach und vereinbarte anschließend einen Termin. Gerne wäre er dann auf den Balkon, an die zwar warme, aber von Meeresbrisen erfrischte und bewegte Luft, aber dort gab es um diese Uhrzeit keinen Schatten. So fand er sich zunächst wieder auf der Klavierbank und entzündete die nächste Zigarette. Dann kam der Gedanke an den bevorstehenden Besuch bei den Nachbarn zurück. Sonne dachte angestrengt nach, ob ihm nicht eine Ausrede einfallen wollte, um sich dieser Verpflichtung zu entziehen, aber die rettende Idee fand ihn nicht. Er verspürte überhaupt kein Verlangen danach, sich wieder einmal einen Abend lang den endlosen Vorträgen seines Nachbarn übers Filmgeschäft auszusetzen, noch dazu im Beisein dessen einfältiger Ehefrau, die stets allem, was ihr Mann von sich gab, kritiklos beipflichtete, und sich dabei immer dienerhaft und unterwürfig verhielt, während sie Essen

und Getränke verteilte. Aber so würde es auch heute wieder sein, Sonne wusste es, und er sah keine Möglichkeit, sich dieser Belästigung, diesem verschwendeten Abend, diesem anmaßenden Diebstahl von Zeit zu entziehen, und beschloss, die kommenden Ereignisse mannhaft zu ertragen. Schließlich legte er die verglühenden Reste seiner Zigarette in den Aschenbecher, setzte sich an das alte elektrische Piano in der Ecke, improvisierte über eine Melodie, die er im Kopf hatte, die aber nicht von ihm stammte, von der er aber auch nicht sagen konnte, woher sie ihm zugeflogen war, freute sich des warm perlenden Klanges des Instruments, spielte sich selbst eine Auswahl seiner eigenen Themen aus alten Filmen vor, wechselte, die Melodien gutgelaunt vor sich hin brummelnd, zu einigen beliebten Tonfolgen der letzten Jahre, bis seine Frau von unten rief, er solle bei diesem Lärm doch bitte die Türen schließen.

Sonne schaltete das Piano aus, verspürte immer noch den Drang nach frischer Luft, so hob er den Ball seiner Tochter auf, ging nach unten, kickte das runde Spielgerät mit leichtem Schwung von der Eingangshalle ins Wohnzimmer, von wo die erwartete Reaktion jedoch ausblieb, und trat dann auf den Vorplatz auf der Nordseite des Hauses. Er spähte kurz nach einer passenden Sitzgelegenheit umher, ließ sich auf einer der niedrigen Mauern nieder, welche die Grünflächen einfassten, und zündete die nächste Zigarette an. Missbilligend bemerkte er, dass der Gärtner den Rasen wieder so kurz geschnitten hatte, wie es technisch irgend möglich war, hinunter bis zur blanken Erde, so dass die Rasenstücke dalagen wie struppige,

schmutzig olivbraune Matten. Stachlig und abweisend waren darauf dürre Nadelbäume verwachsen, und Sonne fand, dass diese überhaupt keinen Zweck erfüllten, sie waren unansehnlich, gaben kaum Schatten, blühten nie, und trugen lediglich das ganze Jahr über als absonderliche Missgeschöpfe unverhohlen ihre nadelige Widerborstigkeit zur Schau. Genauso leblos und öde wie die Grünflächen schien ihm auch sein Haus, mit seinen riesigen, weißen Flächen, die in der Sonne immer scharf blendeten und dem Auge schmerzten, über die sich keine grüne Ranke wand, die von schwarzgerahmten Fenstern durchbohrt waren, welche diesen Namen gar nicht verdienten, sondern nichts weiter waren als düstere, verglaste Löcher. Der Vorplatz glänzte grau und sauber und staubfrei, so dass sich Sonnes Wagen auf der Fahrt in die Garage die Reifen nicht schmutzig machen musste, und weder am Haus noch auf den kläglichen Resten von Grün schien etwas zu leben, kein Vogel sang, keine Eidechse flitzte, keine Biene summte, kein Schmetterling flatterte.

Rolf Sonne rauchte auch diese Zigarette zu Ende und ging zurück ins Haus, ins Wohnzimmer. Seine Tochter lag dort bäuchlings auf dem Teppich, ein Bilderbuch verkehrt herum vor der Nase, sie brabbelte leise vor sich hin und wiegte den Kopf dazu hin und her. Unweit von ihr lag der Ball, und Sonne spielte ihn vorsichtig in ihre Richtung, aber sie beachtete ihn gar nicht. Er trat näher ans Sofa, um zu sehen, ob seine Frau schlief, aber sie schlief nicht, war in ein Buch vertieft, und sah ihn, auch als er ein paar Sekunden verstreichen ließ, nicht an.

„Der Gärtner hat den Rasen auf dem Vorplatz schon wieder bis auf den Grund abgemäht", sagte Rolf Sonne. „Sag ihm bitte, dass er das in Zukunft nicht mehr machen soll, und überhaupt reicht es, wenn er künftig nur noch alle zwei Monate mäht. Und er soll die hässlichen Nadelgewächse abholzen und etwas Blühendes pflanzen. Darüber hinaus macht er am Vorplatz und im Garten künftig nichts mehr, ohne mich zu fragen."

Monica Sonne lugte hinter ihrem Buch hervor, die Augenbrauen hochgezogen, die Miene überrascht, und sie fragte ihn, was in ihn gefahren sei.

„Ich möchte nicht länger diese tote Steppe vor dem Haus haben", antwortete Rolf Sonne. „Ich will etwas Lebendiges, nichts Totes."

Sonne fühlte, als er diese Sätze sprach, ein nervöses Wühlen in seinem Bauch, denn es war nicht oft der Fall, dass der Filmkomponist seiner Frau sagte, wie und was zu tun sei, denn meist war sie es, welche die Anweisungen zur Organisation des täglichen Zusammenlebens ausgab, und fast war es ihm, als hätte er seine Zuständigkeiten überschritten; zudem lag ihm noch viel mehr auf der Zunge als nur die äußere Erscheinung des Hauses. Aber er scheute die Auseinandersetzung, wollte keinen Streit und keine Krise auslösen, ging nach oben in sein Musikzimmer, setzte sich auf die Klavierbank, starrte zum Fenster hinaus und durchs Meer hindurch und spürte sein Herz im Hals schlagen. Eine weitere Beruhigungszigarette half ihm, sich zu entspannen, und er sah

den wabernden Schwaden zu, wie sie sich im einfallenden Sonnenlicht auflösten.

Am frühen Abend übernahm die Haushälterin die Aufsicht über den Schlaf des Kindes, und das Ehepaar Sonne ging hinüber zum Nachbarhaus. Im Näherkommen fiel Rolf Sonne zum ersten Mal auf, dass das Haus der Hamiltons in seinem makellosen grellen Weiß genauso tot und öd stand wie sein eigenes, und er fragte sich, woher der Drang des Menschen kam, seine Behausungen abstoßend und mit größtmöglicher Scheußlichkeit und nicht etwa einladend und freundlich zu errichten, und dabei fiel ihm seine alte Heimat ein, die Straßen des Dorfes, in dem er seine Kindheit verlebt hatte, krumme, natürlich gewachsene Straßen, an denen sich bunte, kleine Fachwerkhäuser, die Sprossenfenster mit üppigem Blumenschmuck verziert, aneinanderdrängten, so als ob ein Haus sich ohne das andere Haus nicht halten könne, wie hübsch und idyllisch sah das alles aus… er blickte noch einmal auf sein Haus zurück und sinnierte, bis sie auf dem Nachbargrundstück waren, darüber nach, ob man sich wirklich vorstellen könne, dass hinter diesen abwehrenden Bunkermauern und trauerschwarzen Fensterrahmen ein Kind aufwüchse.

Eine Hausangestellte der Hamiltons öffnete, man wurde herein- und anschließend auf die Terrasse hinausgebeten. Monica Sonne und Gloria Hamilton fielen sich in die Arme, und Rolf Sonne fand, sie taten es so, als hätten sie sich nicht erst vor drei Tagen, sondern vor drei Jahren das letzte Mal gesehen. Dann war er an der Reihe, die befürchtete Umarmung

steif und starr und unbeholfen hinnehmend, und als Gloria Hamilton wieder von ihm abließ, fragte er sie schnell, um sein Unbehagen zu verbergen, wo denn ihr Mann sei, und sie antwortete, er sei noch am Telefon in seinem Arbeitszimmer wegen einer bevorstehenden Filmproduktion. Sonne musste sich nicht anstrengen, um den Filmproduzenten durch ein halb geöffnetes Fenster ins Telefon schreien zu hören, und Gloria Hamilton, um die Peinlichkeit der Situation zu überspielen, verdrehte mit übertriebenem Gesichtsausdruck die Augen, bot den Gästen Platz an und servierte Getränke. Monica Sonne berichtete ihr, dass heute der lang erwartete goldene Flügel angeliefert worden sei, und Gloria Hamilton meinte daraufhin, dies sei ein schöner Zufall, denn ihr Mann hätte heute die Nachricht bekommen, dass man ihm den Ehrenpreis des Verbandes der amerikanischen Filmindustrie zuerkennen würde, und zwar ebenfalls in Gold.

Rolf Sonne wandte sich ab, zündete sich eine Zigarette an und sah beim Versuch, die Stimmen der beiden Frauen auszublenden, auf den Garten der Hamiltons hinaus. Er tat es mit einem anderen Blick als sonst, und zwar mit jenem, mit dem er heute schon den Vorplatz seines eigenen Hauses kritisch in Augenschein genommen hatte, und dabei bot sich ihm ein ähnlich trostloser Anblick, mit einer bis zum Erdreich hinunter abgesäbelten Grünfläche, karg und blumenlos, auf allen Seiten von einem Heer aus drahtigem, verdrecktem Stachelgebüsch bewehrt, nirgendwo etwas Blühendes oder Buntes, und Sonne fand, dies sei kein Garten, sondern eher ein Gelände. Er schüttelte unbedacht den Kopf darüber und hoffte sogleich,

dass dies niemand bemerkt hatte, jedoch waren die Damen zu sehr in ihre Gespräche vertieft, sie schenkten ihm keine Beachtung.

Im Innern des Hauses waren eilige Schritte zu hören, kamen schnell und hektisch näher, und schließlich hetzte Jack Hamilton auf die Terrasse. Das Trinkerrot seines Gesichtes war mit dünnen Rinnsalen aus Schweiß benetzt, ebenso seine spärlichen, quer über den Schädel gekneteten Haarsträhnen, und er hatte sich auch nicht die Zeit genommen, das verschwitzte Hemd gegen ein frisches zu tauschen. Hamilton war nur wenig älter als Rolf Sonne, aber trotzdem hatte der geringe zeitliche Vorsprung in Verbindung mit stetiger beruflicher Belastung und dem ewig lodernden Feuer des Alkohols erbarmungslos an seinem Erscheinungsbild gewütet. Er entschuldigte sich hastig für sein Zuspätkommen, packte, ohne seinen Gästen dabei in die Augen zu sehen, deren Hände, rüttelte an ihnen und schleuderte sie wieder weg, und ließ sich in einen Gartenstuhl fallen, den Hemdkragen lockernd, seine Frau um ein Getränk anherrschend, sich danach gestenreich in einem langen, klagenden Selbstgespräch über die Probleme einer kommenden Filmproduktion, die Überheblichkeit von Schauspielern und die Dummheit seiner Mitarbeiter ergehend. Zwischendrin besann er sich auf Höflichkeiten, beugte sich vor, drosch Rolf Sonne seine Hand auf die Schulter und fragte, wie es ihm ginge, und nach Sonnes kurzer Antwort war's Hamilton zufrieden und setzte den unterbrochenen Vortrag fort. Eine Hausangestellte tischte Essen auf, aber Gloria Hamilton ließ es sich nicht nehmen, ihren Gästen die Portionen

persönlich zu reichen. Sonne drückte seine Zigarette aus und gab ihr ein Zeichen, ihm mehr aufzuhäufen. Auch beim Essen kannte Jack Hamilton keinen Einhalt und erging sich mit vollem Mund, dabei nervös und fahrig auf seinem Teller herumstochernd, in zähen Berichten über anstehende Filmprojekte, die er aber, wie er sagte, aufgrund ihrer Vielzahl nicht mehr 1977, sondern erst im kommenden Jahr verwirklichen könne, und die Damen hörten kauend und schweigend und nickend zu. Sonne hingegen hörte nicht zu, er nahm Hamiltons Redefluss nur als Geräusch und nicht als Information wahr und konzentrierte sich auf das ausgezeichnete Essen, das, wie er fand, trotz der Lieferung des goldenen Flügels sein erster richtiger Höhepunkt des Tages war. Dabei ließ er seinen Blick umherstreichen, weg von den Anwesenden, irgendwohin, um etwas zu entdecken, auf das sich zu blicken lohnte, aber es gab nichts, nicht im Garten, nicht auf der Terrasse, nicht am Haus, nicht hinter Hamiltons vertrockneten Nadelpflanzen, nirgendwo, und Sonne fragte sich, wie es möglich war, dass ein teures Haus mit Ozeanblick, das einem reichen Filmproduzenten gehörte und sich an einem der schönsten Flecken des Landes befand, der grässlichste Platz auf Erden sein konnte.

Von drinnen meldete sich mit einem wohltönenden Ding-Dong die Türglocke, und wieder näherten sich Schritte, diesmal nicht ganz so hektisch wie vorhin, jedoch zahlreicher, und die Hausangestellte führte zwei neue Gäste auf die Terrasse. Jack Hamilton sprang aus seinem Stuhl und stellte die beiden als Kenny und Susan vor. Kenny, so sagte Jack, sei

bis vor kurzem Sportler gewesen und wolle sich jetzt als Schauspieler versuchen, und vor zwei Wochen habe er sich mit Susan verlobt. Man begrüßte sich reihum, Stühle wurden herbeigerückt, die Neuankömmlinge bekamen von Gloria Hamilton ihre Plätze zugewiesen, wurden sogleich auch Opfer ihres allumfassenden Bemutterungsregimes, so dass niemand verhungern oder verdursten musste.

Sonne musterte Kenny mit interessiertem Blick, denn der junge Mann sicherte sich bald mit seiner Ruhe und Zurückhaltung sowie seiner Art, leise, überlegt und wohlformuliert zu sprechen, seine Sympathie, und auch seine Verlobte glich ihm in dieser Hinsicht, sie gab sich ebenfalls ruhig, bedächtig und beobachtend, und wenn sie etwas sagte, war es meist kurz, aber klug auf den Punkt gebracht, und Sonne war bemüht, sich dabei nicht zu sehr vom lebhaften Leuchten ihrer braunen Augen und den butterblonden Wellen, die auf ihre Schultern fielen, ablenken zu lassen.

Jack Hamilton hatte nach der Ankunft von Kenny und Susan die Gesprächsführung wieder schnell an sich gerissen, versuchte nun aber andeutungsweise, die beiden neuen Gäste, und dabei meist bevorzugt den jungen Mann, dabei einzubinden. Trotz seiner Neigung zu langen Reden war Hamilton alles andere als ein geübter, geschweige denn spannender Erzähler, er begann seine Berichte meist umständlich und weitschweifig, dachte weder vor noch während des Redens nach, ließ Sätze und Wörter so sprudeln, wie sie zu ihm kamen, oft wirr, halb und unzusammenhängend, zudem sprach er sehr schnell und nuschelte stark, und dachte auch

nach über dreißig Jahren Westküste nicht daran, seinen schweren Südstaatenakzent abzulegen. Gab er Kenny ein Stichwort oder stellte er ihm eine direkte Frage, zogen immer zunächst ein paar geschwiegene Sekunden dahin, lästig für Hamilton, aber spannend für Rolf Sonne, weil Kenny es sich nicht nehmen ließ, vor dem Sprechen zu denken, und sich dann bemühte, eine druckreife Antwort zu geben, welche dann aber oft nicht den seichten, kurzen, kritiklosen Zustimmungen entsprach, die Hamilton von seiner Umgebung gewohnt war. Sonne genoss es, wie Kenny dem Gespräch mit interessanten Antworten Gehalt verlieh, und sein Respekt für den ehemaligen Sportler steigerte sich im Lauf des Abends bis zur Bewunderung. Lange nicht mehr hatte er jemand so sprechen hören, jemand, der erst wenn er zu Ende gedacht hatte, treffsicher und entschlossen mit neuen Gedanken aufwartete, und der nicht sprach, um zu reden, sondern der sprach, um die Welt mit einer klugen Aussage zu bereichern. Hamilton hingegen war nicht der Mann, Tiefsinniges zu erkennen, und lachte bei Kennys Antworten oft laut auf, so als hätte dieser einen Scherz gemacht, dabei war es meist, wie Rolf Sonne fand, etwas sehr Bedeutendes und Richtiges, aber Hamilton bemerkte es nicht. Sonne störte dieses ahnungslose, ungebildete und seiner Meinung nach auch verletzende Benehmen sehr, aber er wusste auch, dass Hamilton aus bescheidenen Verhältnissen stammte und in seiner kurzen Jugend nicht viel Zeit gehabt hatte, sich eine umfassende Bildung anzueignen. Die einfache Herkunft war beiden Männern gemein, aber sich und Hamilton an diesem

Abend vergleichend, kam Sonne zu dem Schluss, dass Hamilton nie zur Selbsterkenntnis gelangt war, er hatte nie gelernt, sich selbst zu beobachten und an sich zu arbeiten, während Sonne für sich selbst in Anspruch nahm, dies stetig versucht zu haben und es immer noch versuchte, auch wenn er ahnte, dass der Blick auf das eigene Selbst nicht anders als immer von Befangenheit verhangen sein muss. Rolf Sonne überließ es weiterhin Kenny, sich mit Hamilton auseinanderzusetzen, und widmete sich seinen Zigaretten, während seine Frau und Gloria Hamilton es vorgezogen hatten, ihre Stühle etwas weiter abseits zu rücken, um ungestört ihren eigenen Unterhaltungen nachgehen zu können, und Gloria Hamiltons Einwürfe in die Vorträge ihres Mannes beschränkten sich erwartungsgemäß nur noch darauf, ihm Recht zu geben oder zu fragen, ob noch jemand einen Drink wolle.

Wo bin ich, fragte sich Rolf Sonne.

*

Rolf Sonne saß an dem mittlerweile gestimmten goldenen Flügel und klimperte, nach einer Melodie suchend, zu den flackernden Filmbildern, die der Projektor an die Leinwand warf. Per Fernbedienung ließ er eine bestimmte Szene immer wieder laufen, tastete sich dazu durch eine stetig fester werdende Tonfolge, notierte diese schließlich auf einem Notenblatt und vermerkte die Länge der Szene und den

Zeitpunkt des Einsatzes der Musik auf die Sekunde genau. Mit der nächsten Szene verfuhr er genauso. Da stand ein Paar an der Reling eines Schiffes, an ihrem roten Kleid und ihrer blonden Mähne zerrten die Böen, sie hielt ihn fest, sie sahen sich an. Es lief kein Ton, aber Sonne wusste, was diese Szene zu bedeuten hatte, es war nicht der Beginn einer Liebe, es war ihr Ende. Sie sah ihn flehend an, er wandte sich ab, befreite sich aus ihrem Griff und ging aus dem Bild. Sonne wiederholte die Szene einige Male und ließ seine Finger auf der Suche nach der passenden musikalischen Untermalung, welche diese dramatische Einstellung forderte, nach den passenden Noten tasten. Sonne wusste, dass die Zuschauer und die Filmproduzenten jetzt schwere, wuchtige Orchesterakkorde in Moll erwarteten, aber er sah sich nicht gewillt, Erwartungen zu erfüllen, er wollte etwas anderes, und er fand es schließlich in wenigen einfachen, aber eindringlichen Klavierakkorden, durchbrochen von einer kleinen, aber wirksamen und melancholischen Tonfolge, die keine nur kurz anhaltende künstliche aufgepumpte Dramatik vermittelte, sondern mit sanfter Nachhaltigkeit gekonnt die ungestillte Sehnsucht in den Augen der Verlassenen zum Ausdruck brachte, und ihm gefiel dieses Thema so gut, dass er beschloss, es auch für den Abspann einzusetzen.

Der Film, für den er hier die Musik erarbeitete, war keine teure, keine große Produktion fürs Kino, es handelte sich um ein mit beschränkten Mitteln und kaum bekannten Schauspielern produziertes Mini-Drama eines örtlichen Fernsehsenders. Sonne war dies durchaus genehm, er arbeitete

gern fürs Fernsehen, zwar galt es auch hier Zeitvorgaben und Finanzpläne einzuhalten, aber es gab einen entscheidenden Vorteil: Fernsehproduzenten ließen ihn gewähren und mischten sich nicht in seine Arbeit ein, während die Macher der großen Kinofilme, wie zum Beispiel Jack Hamilton, bei neuen Aufträgen gern bei ihm persönlich vor der Tür standen, meist mit einem Assistenten des Produktionsstabes im Anhang, welcher die Filmrollen schleppte, sich dann in seinem Musikzimmer einnisteten und mit ausladender Gestik und abstrakten Anweisungen, wie zum Beispiel, dass es ‚cinematischer' klingen solle, zu beschreiben versuchten, wie sie sich ihre Begleitmusiken vorstellten. Wenn dann die rollenschleppenden Mitarbeiter sich auch noch ungefragt berufen fühlten, eigene Vorschläge zu unterbreiten, dann wurde Sonne meist sehr still und benötigte die ein oder andere Beruhigungszigarette, während in ihm sich der Zorn in Form von unkontrollierbaren Hitzewellen ausbreitete.

Rolf Sonne arbeitete noch eine Weile am Klavier bei dem Versuch, Tastatur und Filmleinwand in Einklang zu bringen, bis ihm die gewohnte spätnachmittägliche Müdigkeit die Augenlider beschwerte, er sich auf das Sofa unter dem Fenster legte, in der Absicht, sich seinen gewohnten fünfunddreißig Minuten im Unbewussten hinzugeben. Bevor er, seitlich mit verschränkten Armen liegend, einschlief, fiel ihm noch ein, dass Jack Hamilton neulich Abend einen neuen Film ange-sprochen hatte, über den er sich mit Rolf Sonne unbedingt noch beraten wolle, hatte dann aber kein weiteres Wort mehr darüber verloren. Sonne war das recht, er hatte über diese

Produktion nichts Gutes gehört, zudem fragte er sich seit Längerem, wie lange er sich den Stress, den Ärger, den Zeitdruck mit nervenden Filmproduzenten noch antun wollte, wenn er es, seine wirtschaftlichen Verhältnisse betreffend, ohnehin schon lange nicht mehr nötig hatte, und ihm überhaupt mehr und mehr danach war, sich als Musiker endlich selbst zu verwirklichen, Platten aufzunehmen mit Stücken, die nicht nur der Untermalung von Bildern dienten, sondern die in sich selbst lebten, erschaffen in seiner eigenen Geschwindigkeit und nach seinen eigenen Vorgaben, ohne sich von Geldleuten vorschreiben zu lassen, wie eine Melodie gestaltet und wann diese fertig zu sein hatte, und er war gewillt, sich diesen Weg in die Freiheit baldmöglichst zu bahnen.

Als er relativ punktgenau nach etwas über einer halben Stunde aus dem Nachmittagsschlaf erwachte, hätte er noch gerne etwas weitergearbeitet, aber es wurde Zeit fürs Abendessen, danach würde es zeitlich knapp, weil seine Tochter zu Bett ging und ihr Zimmer sich nur zwei Türen weiter befand, so dass an Klaviermusik nicht mehr zu denken war.

Die Sonnes hatten einen erwachsenen Sohn, der an der Ostküste studierte und nur in den Ferien nachhause kam. Ein zweites Kind war zunächst kein Teil ihrer Familienplanung gewesen, jedoch war die Tochter ein später Versuch, mit einem Versöhnungskind die erkaltete Ehe zu retten, allerdings hatte Rolf Sonne auch nach ihrer Geburt seine Arbeitslast kaum verringert und sich nach wie vor tage- und nächtelang in sein Musikzimmer zurückgezogen, während seine Frau es bald

aufgegeben hatte, nach ihm zu suchen, und beide schnell in den früheren Zustand des gegenseitigen Desinteresses zurückverfielen. Um auch während der Schlafzeiten des Kindes komponieren zu können, war Sonne auf das elektrische Piano umgestiegen, das er über Kopfhörer betrieb, hatte es dabei jedoch, wie ihm unangenehm schmerzende Ohren bald darauf meldeten, mit der Lautstärke übertrieben, so dass ihm sein Arzt dringend geraten hatte, den Kopfhörer nicht mehr zu benutzen, wenn er sich seine Ohren nicht dauerhaft beschädigen wolle. So war er zurück zu seinem alten Klavier, jedoch musste er sich an die Ruhezeiten des Kindes halten, und um sich für diese Anpassung und den Verlust seiner gewohnten Zeiten selbst zu entschädigen, hatte er das ausgeleierte Tasteninstrument in Zahlung gegeben und sich ein neues, eben jenen goldlackierten Flügel, gegönnt.

Beim Abendessen kündigte Monica Sonne an, dass sie das Kind ins Bett bringen, dann von einer Freundin abgeholt und man zu einer weiteren Freundin fahren würde, weil es irgendjemandes Geburtstag zu feiern gelte. Sonne hörte nicht genau hin, es interessierte ihn nicht, er nickte nur kauend, während seine Frau die Einzelheiten erläuterte, und weder verstand er alles, was ihm mitgeteilt wurde, noch war er gewillt, es zu verstehen. Um halb neun hupte es draußen, und Monica Sonne stürmte davon.

Rolf Sonne trat an die fingerbreit offenstehende Tür zum Zimmer seiner Tochter und horchte, hörte aber nichts, drinnen war es still. Er machte einen Schritt hinein, nichts rührte sich,

er trat näher und hörte die friedlichen Atemzüge der Kleinen. Sie hatte sich nie dagegen gewehrt, ins Bett gebracht zu werden, sie wusste dort all ihre Plüschtiere versammelt und schlief mit diesem beruhigenden Gedanken, den kleinen Kopf auf ihren plattgelegenen Lieblingsteddybären gebettet, immer schnell ein. Sonne beobachtete das friedlich entspannte Gesicht seiner Tochter, lächelte, machte dann sachte kehrt und schlich nach draußen. Beim Hinuntergehen ins Erdgeschoß fragte er sich, was er mit einem freien Abend wie diesem anfangen könnte. Er suchte zunächst den Wohnraum auf und wanderte, Zigarettenrauch in die Luft blasend, ziellos zwischen Sofas und Bücherregalen hin und her, als unvermittelt jemand im Türrahmen auftauchte, und er, da er sich allein im Haus gewähnt hatte, unbeherrscht zusammenzuckte. Es war Mrs. Gaines, die Haushälterin, die sich, ein Kopftuch umgeknotet und eine abgewetzte Handtasche in der Rechten, nach einem langen Tag verabschiedete.

„Geht es Ihrem Mann mittlerweile besser?" erkundigte sich Rolf Sonne.

„Er ist jetzt dauerhaft krankgeschrieben", antwortete Mrs. Gaines. „Unser Arzt kann nicht sagen, was ihm fehlt, er findet nichts. Vier Monate hat er nun Schmerzen. Geld kann er in diesem Zustand nicht mehr verdienen, so bin ich jetzt die alleinige Ernährerin der Familie. Es ist nicht leicht für uns."

„Was ist das für ein Arzt, der nichts findet? Bei welchem Arzt sind Sie?"

„Bei unserem Hausarzt. Er ist ein guter Arzt. Er bemüht sich."

„Ein guter Arzt würde etwas finden. Warten Sie mal." Sonne griff sich eine der Illustrierten seiner Frau und einen Kugelschreiber, notierte etwas auf die Titelseite des Heftes, riss diese dann ab und gab sie Mrs. Gaines. „Das sind Adresse und Telefonnummer von meinem Hausarzt. Gehen Sie mit Ihrem Mann zu ihm und sagen Sie, dass ich Sie schicke. Er soll ihren Mann gründlichst untersuchen mit allen Mitteln, die er hat. Die Rechnung ist an mich zu übersenden. Sagen Sie, dass dies mein ausdrücklicher Wunsch ist. Wenn er Fragen hat, soll er mich anrufen."

Mrs. Gaines sah Sonne stumm, mit großen Augen und offenem Mund, an, wollte etwas sagen und konnte es doch nicht.

„Lassen Sie sich gleich morgen einen Termin geben und halten Sie mich auf dem Laufenden", fuhr Sonne unbeirrt fort. „Es ist der beste Arzt in der Stadt. Ihr Mann kommt wieder in Ordnung, Sie werden sehen."

Rolf Sonne ging nicht auf die stotternden Widersprüche von Mrs. Gaines ein, geleitete die sich immer noch schwach gegen das ihr Aufgetragene wehrende Frau zur Haustür, schob sie sanft über die Schwelle und wünschte ihr gute Nacht. Danach setzte sich der Filmkomponist auf die Terrasse, zündete sich eine Zigarette an und beobachtete, wie die Sonne im Ozean verlosch.

*

Monica Sonne hatte darauf bestanden, dass das Ehepaar gemeinsam zur Verleihung des Filmpreises in Gold an Jack Hamilton gehen würde. Rolf Sonne hatte sich nur halbherzig gewehrt, denn er wusste, dass Hamilton ihm das Fernbleiben übelgenommen hätte, und er wusste auch, dass er schlechte Stimmung in seinem Haus riskierte, hätte er sich verweigert. So fuhr er abends mit in das große Hotel in der Innenstadt, dessen Festsaal der Filmverband für diesen festlichen Anlass gebucht hatte, ertrug mühevoll zuerst die Rede des Verbandsvorsitzenden, denn jene eines ihm unbekannten Schauspielers und schließlich Hamiltons Dankesrede, und sehnte sich danach, in einer stillen Ecke eine Zigarette rauchen zu können. Aber er entkam nicht, seine Frau hakte sich bei ihm unter und zog ihn ans Büffet, Umstehende grüßten ihn, er nickte, manche Gesichter erkannte er, in vielen las er vergeblich. Monica Sonne jedoch wusste alle Namen und ließ nicht davon ab, unauffällig wie unablässig in die Menge zu deuten und zur betreffenden Person im raunenden Ton kurze Anekdoten zu erzählen. Schließlich ließ sie mit einem Mal von seinem Arm ab, warf ihn regelrecht weg, sagte im hoch-erfreuten Tonfall, dass sie eine alte Freundin in der Menge ausgemacht habe, entschuldigte sich und jagte davon, quer durch den Saal, sich allmählich zwischen bunt fließenden Abendkleidern, weißen Dinnerjacketts und dem silbrigen Glanz prickelnder Champagnergläser auflösend. Sonne sah ihr nach, ohne einen begleitenden Gedanken, bis ihm die nächste Zigarette einfiel, diese aber wollte er für sich genießen, so sah er sich um, nach links, nach rechts, wie einer, der Böses

im Schilde führt, setzte sich dann behende und ungesehen durch einen Seitenausgang ins Freie ab, dies umso schneller, als er Jack Hamilton näherkommen sah.

Draußen reckten sich Palmensilhouetten wie dünne Arme mit riesigen Händen in den nachtblauen Himmel, hinter ihnen flimmerten als gelbe Nachtaugen die Lichter der Versicherungs- und Bankenklötze, unter ihnen flirrten die Scheinwerfer des unablässig tosenden Verkehrs, zwischen ihnen schwärmten lärmende Gruppen von Nachtmenschen in aufgekratzter Stimmung vorüber. Sonne sog die kühle Luft ein, wärmte diese sogleich mit der ersehnten Zigarette an und wünschte sich nach Hause. Während der langatmigen Lobreden auf Jack Hamilton hatte er in seinem Kopf eine kleine Melodie geboren, die er jetzt gerne weiter ausgearbeitet hätte, zudem befürchtete er, sie zu vergessen, sagte sich aber dann, wenn sie wirklich gut sei, würde er sie sich merken können. Man müsste sie auf dem elektrischen Piano spielen, dachte er, mit Geigen würde es nicht gut klingen... vielleicht ist sie auch gut genug als Gesangsmelodie, man könnte einen Text dafür verfassen und noch in das aktuelle Fernsehfilm-projekt mit einbauen, vielleicht würde sie sogar ein kleiner Hit werden, aber dafür war ein Fernsehfilm ein zu kleines Vehikel, eine große Kinoproduktion wäre besser...

Das heisere Fauchen und grelle Hupen eines heranzischenden Sportwagens zerriss die Melodie in seinem Kopf. Der Wagen blieb direkt vor ihm an der Bordsteinkante stehen, das Fenster auf der Beifahrerseite wurde heruntergekurbelt, und Rolf Sonne bemerkte zunächst nicht, dass all dieser Aufwand an

Aufmerksamkeit ihm galt, aber schließlich kam ihm der üppig blonde Haarglanz der Frau auf dem Beifahrersitz bekannt vor, und er erkannte Susan, die Freundin von Kenny, und schon drängte sich auch Kennys Gesicht an den Lockenwellen seiner Verlobten vorbei ans Beifahrerfenster, und er rief Sonne etwas zu. Dieser trat an den Wagen heran, beugte sich herunter, blickte ins Wageninnere. Kenny grüßte freundlich und brachte zum Ausdruck, er sei in Sorge, da man zu spät zu Jack Hamiltons Preisverleihung kam, aber Sonne beruhigte die beiden, dass sie außer ein paar Lobreden nichts versäumt hätten. Kenny schlug vor, sich später im Festsaal zu treffen. Sonne nickte, Kenny winkte, Susan lächelte, und der Sportwagen rauschte um die Ecke. Rolf Sonne rauchte ohne Hast seine Zigarette zu Ende, ging in den Festsaal zurück und hielt dort zunächst ohne Erfolg Ausschau nach seiner Frau. Er traf auf eine ihrer Freundinnen, die ihm sagte, dass sie ihr vorhin begegnet sei, danach hätten sie sich aus den Augen verloren. Sonne wars zufrieden, griff sich an der Speisentafel Gabel und Teller, musterte die Auslagen und häufte sich in männlichen Mengen auf, sich dabei mehrmals über die Schulter umsehend, ob Kenny und Susan schon zu sehen waren oder Jack Hamilton irgendwo lauerte, aber beides war nicht der Fall, so wanderte er mit dem Teller in der Hand weg von der lärmigen Menge, hinaus aus dem Saal auf einen menschenleeren Gang, las dort beim Entlangschlendern im sanften Licht funkelnder Kronleuchter gedankenleer in den Mustern des weichen Teppichs, bemerkte die in schwere gedrechselte Goldrahmen gefassten Kunstdrucke an den Wänden, und ging, wie in

einem Museum, halbinteressiert von Bild zu Bild. Dann war da eine Doppeltür, groß und gläsern, die auf der linken Hälfte mit der Aufschrift ‚PIANO' und rechts mit ‚BAR', lockte. Sonne trat näher, spähte, seine Nase plattdrückend, durchs Glas, konnte aber nichts erkennen, es war dunkel drinnen. Er öffnete die Tür einen Spalt, lugte hinein in die Dunkelheit, konnte immer noch nichts erkennen, stieß die Tür beiseite, trat ein und wurde, als die Tür hinter ihm wieder zurückschwang, von stickiger Finsternis verschluckt. Tastend fand er den erlösenden Lichtschalter, über ihm flackerten und blitzten allerlei Leuchten auf, und was unmittelbar danach seinen Blick einfing, war ein weißer Salonflügel, der ihn mit leisen Rufen zum Spiel lockte. Sonne konnte nicht widerstehen, stellte seinen Teller auf dem Instrument ab, setzte sich auf die Bank und klappte den Tastendeckel zurück. Augenblicklich kehrte die Melodie von vorhin in seine Gedanken zurück, und seine Hände konnten sie sofort und fehlerfrei auf den schwarzen und weißen Tasten in Hörbares umsetzen, während er dabei wohlwollend die füllige, warme Akustik des holzgetäfelten und von dichtem Teppich gedämpften Raumes wahrnahm. Von irgendwoher griff er sich ein Stück Papier, in seiner Jacke steckte ein Kugelschreiber, und er begann, die Melodie weiterzuführen und aufzuschreiben. Seiner alten Gewohnheit nachgebend, zündete er sich dazu umgehend die nächste Zigarette an, zog mehrmals heftig daran, so als ob sich mit dem Rauch auch der Anstoß für die nächsten Töne aus dem glühenden Tabak saugen ließe, und schnippte die Asche in die Speisereste auf dem Teller. Die Melodie, die er vorliegen hatte,

klang ihm wie eine Strophe, so beschloss er, einen Refrain und einen Übergang dorthin zu schreiben, und schon jetzt konnte er die Frauenstimme hören, die das fertige Werk einst singen würde. Sonne summte vor sich hin, während seine Finger über die Tasten glitten, er fand schnell den benötigten Übergang zu dem noch nicht vorhandenen Refrain und schrieb ihn auf. Der Refrain musste stark werden, stark und gefühlvoll, sagte sich Sonne, und als er die ersten Noten schrieb, begann er nach der Königsnote, wie er es nannte, zu suchen, jene starke Note, die ausreichen würde, sich dauerhaft im Gehörgang des Hörers festzuhaken, fand sie schließlich nach einigen Versuchen, dabei innerlich ein freudiges „Ja!" jubelnd, und hielt hastig, so als ob er befürchtete, dieser Ton würde ihm wieder entschwinden, schriftlich fest, was er vollbracht hatte. Dann stückelte er die verschiedenen Teile – Strophe, Übergang, Refrain – aneinander, überarbeitete die eine oder andere Stelle, spielte das fertige Stück anschließend einige Male durch, dazu mit der Stimme, die er nicht hatte, vor sich hin summend und brummend, bis er es ‚rund' fand, während sich in seinem Kopf Ideen für das Arrangement formten. Das klingt wie eine Erfolgsnummer, dachte Sonne. Und: Das wird die Titelmelodie meines Weges in die Freiheit. Bei bester Laune steckte er den Zettel mit den gekritzelten Noten in seine Jackentasche, klappte den Tastendeckel wieder zu, sammelte den ascheberieselten Teller ein und machte sich auf den Weg zurück in den Festsaal. Dort war ihm dann gar nicht mehr nach erneuter Flucht, die neue Melodie in seinem Kopf beflügelte seine gute Stimmung, und er war jetzt sogar bereit, sich der Festgesell-

schaft anzuschließen, allerdings weniger, um dabei seine Frau zu entdecken, eher, um vielleicht den sympathischen Kenny irgendwo in der Menge der champagnerglasbewehrten Hände, spiegelnden Glatzen und schwer glitzernden Juwelen auszumachen. Kenny fand er nicht, jedoch, was ihm nicht minder recht war, dessen Verlobte, oder eher, sie fand ihn, auch sie mit dem unvermeidlichen Champagnerglas in der Hand, und als sie bemerkte, dass Rolf Sonne über dergleichen nicht verfügte, entwendete sie dem Tablett eines vorbeieilenden Kellners ein Glas mit dem prickelnden Nass und drückte es dem Filmkomponisten in die Hand. Er dankte und fragte dann, ob ihr Verlobter sie im Trubel einfach so allein gelassen habe, und Susan antwortete, dass er sich irgendwo in der Menge befinde, zusammen mit Jack Hamilton, und dieser ihn wieder einmal als aufgehenden neuen Stern am Himmel der von Hoffnung erfüllten Nachwuchsschauspieler vorstellen würde.

„Und seit er seine erste kleine Filmrolle hatte, sind auch die Frauen um ihn herum wie die Bienen um das Zuckerwasser", sagte Susan. „Ich muss gehörig aufpassen, dass nicht mal eine Biene landet."

„Er ist zu intelligent, um nicht zu wissen, was er an Ihnen hat", beschwichtigte Rolf Sonne.

„Das stimmt, er ist intelligent. Ansonsten finde ich, dass sich die Suche nach intelligentem Leben unter Schauspielern ziemlich schwierig gestaltet. Ein intelligenter Mensch in dieser Branche wird Drehbuchautor, nicht Schauspieler. Spielen können viele, schreiben nur wenige."

„Das mag sein. Aber diejenigen, die am meisten profitieren, sind die Produzenten. Vielleicht sind sie die intelligentesten in dieser Branche."

„Intelligenz und Geschäftssinn sind zwei ganz verschiedene Dinge. Schauen Sie sich Jack Hamilton an. Er hat sein riesiges und genauso scheußliches Haus mit Geschäftssinn und nicht mit Intelligenz gebaut. Ich glaube, dass er außer Drehbüchern und Speisekarten noch nie etwas gelesen hat. Und mit solchen Leuten wird Kenny beim Film nicht glücklich werden. Er wird eines Tages erkennen, dass er dafür nicht willenlos genug ist."

„Sie selbst wollen, im Gegensatz zu einem Großteil der Frauen in dieser Stadt, offensichtlich nicht zum Film."

„Auf keinen Fall. Ich möchte mit Kenny weg von hier, auf eine abgelegene Farm und eine wilde Horde von Kindern groß-ziehen, und zwar in einem Haushalt, in dem es kein Fernsehen gibt."

„Es könnte schwierig werden, Ihren Verlobten von seinen Träumen abzubringen. Männer sind meist sehr zielstrebig, wenn sie ihren Weg gehen wollen."

„Frauen sind das auch. Aber sie neigen seltener zur Unver-nunft. Männer hingegen lieben es, kämpfend in ihr Verderben zu laufen."

Susan winkte in die Menge, denn da stand mit einem Mal Kenny, eingekreist von einer kleinen Menschenmenge, um-klammert von Jack Hamiltons Umarmung, und dieser war als lautstarker, gestenreicher Prediger der Gemeinde ganz er selbst, während Kenny nur eine hilflose Handbewegung und ein kurzes Schulterzucken andeuten konnte, auch Rolf Sonne

zuwinkte, sich aber gegenwärtig nicht in der Lage sah, sich aus dem stählernen Griff des Filmproduzenten zu befreien. Susan wandte sich wieder Rolf Sonne zu und fragte: „Waren Sie vorhin auf der Straße auf der Flucht vor all dem hier?"

Sonne nickte und erzählte ihr dann von der Melodie, die ihm eingefallen war, und die er in der Piano-Bar vollendet hatte, und Susan fragte ihn, ob er sie ihr nicht vorspielen wolle. Sonne wollte, so verließen Susan und er den Festsaal und wechselten hinüber in die immer noch verwaiste Piano-Bar. Sonne setzte sich wieder an den Flügel und kramte seine Notizen hervor, überflog diese kurz, fand schnell die entsprechenden Tasten wieder auf der Klaviatur, und spielte, die textlose Melodie summend, das Stück einmal durch. Susan gefiel es offensichtlich, sie wollte es noch einmal hören und summte zu Sonnes Freude ab der zweiten Strophe mit, bat ihn danach um eine Wiederholung, aber in einer höheren Tonart, und Sonne staunte beim nächsten Durchgang, bei dem sie den fehlenden Text mit improvisierten Silben ersetzte, über Susans schnelle Auffassungsgabe und noch mehr über ihre klare, wohltönende Stimme. Er fragte sie, ob sie schon einmal professionell Musik gemacht habe, was sie verneinte, sie stamme zwar aus einem musikalischen Haushalt, aber der Gedanke, ihre Begabung zum Beruf zu machen, liege ihr fern.

„Es gibt Personen, die gern im Scheinwerferlicht stehen", sagte sie. „Ich stehe lieber etwas abseits."

Bevor Sonne antworten konnte, ging die Tür auf. Monica Sonne trat herein und blickte abwechselnd ihren Mann und Susan an.

„Ich habe das Klavier gehört", sagte sie.

*

Rolf Sonne rief bei seinem Hausarzt an und erkundigte sich, ob sich eine Mrs. Gaines bei ihm gemeldet und einen Termin für ihren Mann ausgemacht habe. Der Arzt bestätigte dies, wollte überdies wissen, ob die gewünschte Kostenübernahme tatsächlich von ihm veranlasst worden sei, und nachdem Sonne dies bejaht hatte, erfuhr er, dass Mr. Gaines wahrscheinlich an Darmkrebs leide, die Anzeichen sprächen dafür, Näheres würde aber erst eine genauere Untersuchung klarstellen, die demnächst stattfände. Nach dem Gespräch überlegte Rolf Sonne, ob er seiner Frau von all diesen Tatsachen in Kenntnis setzen sollte, ging der Diskussion aber letztlich aus dem Weg, denn er ahnte, dass sie insbesondere jenen Punkt mit der Übernahme der Behandlungskosten durch ihn nicht verstehen würde und nicht verstehen wollte. Sonnes nächster Gedanke galt Susan, denn seine Idee, sie für Aufnahmen für seine Platte gewinnen zu können, ließ ihn seit ihrem Zusammentreffen bei der Preisverleihung für Jack Hamilton nicht mehr los. In seiner Schublade wartete ein Dutzend neuer Lieder, die er aufnehmen wollte, musikalisch weitab von den Gefälligkeiten der, wie er sie selbst nannte, Gebrauchsmusik, die er sonst bei den Filmproduzenten

ablieferte, und in Susan schien er seine ideale Partnerin gefunden zu haben. Natürlich wäre es für einen Musiker von seinem Rang keine Schwierigkeit gewesen, eine andere mehr oder weniger bekannte Sängerin dafür interessieren zu können, und es fielen ihm durchaus noch weitere Kandidatinnen ein, die sich über seinen Anruf gefreut hätten, jedoch, seine Begeisterung für Susans Stimme war ungebrochen, sie schien ihm ein ideales Vehikel für seine Melodien, zudem stellte er sich die Zusammenarbeit mit ihr im Gegensatz zu bekannteren Stimmen problemlos und stressfrei vor. Dennoch zögerte er, war unschlüssig und hin- und hergerissen zwischen seiner Begeisterung und der vielleicht zu erwartenden Enttäuschung bei Susans Absage. Schließlich überwand er seine Bedenken, machte die Telefonnummer von Kenny und Susan ausfindig und lud sich bei dem jungen Paar, das sich freute, von ihm zu hören, noch am gleichen Nachmittag zum Besuch ein. Bei seiner Ankunft in dem Viertel, in dem die beiden wohnten, verirrte sich Sonne in den ihm unbekannten Straßenmustern, erblickte aber nach kurzer Ratlosigkeit schließlich Kennys geparkten italienischen Sportwagen, der in seiner in feurigem Kupferorange glühenden Blechhaut und der breiten, geduckten Haltung wirkte wie ein bulliges, sprungbereites Insekt. Kenny bat den Filmkomponisten herein und entschuldigte Susan, die nur kurz außer Haus sei und gleich zurückkehren würde. Als Sonne platzgenommen und sich eine Zigarette angesteckt hatte, fragte er Kenny, wie es um seine Hollywoodkarriere stünde, und Kenny blieb ganz Kenny, denn er sann kurz nach,

und Rolf Sonne glaubte einen Strom an Gedanken hinter Kennys Augen hin und her fließen zu sehen, die dieser zu ordnen und zu reihen suchte, bis es ihm gelungen war und er mit Bedacht und sauberer Wortwahl antwortete, aufgrund seiner ersten Schritte in Hollywood habe er schnell gemerkt, dass er keine weitere Karriere beim Film anstreben wolle.

„Im Film ist es folgendermaßen", sagte Kenny. „Man sagt zwei Textzeilen auf, danach ist Schnitt, danach wartet man auf die nächste Einstellung, sagt wieder zwei Zeilen, danach wieder ein Schnitt. Mit Schauspielerei, gar Kunst oder wenigstens Kunstfertigkeit, hat das nichts zu tun. Vielleicht sieht man im fertigen Film cool aus, denn das ist es doch, was die Fans an ihren Idolen lieben, diese vorgebliche Coolness, aber sie verwechseln dabei immer den Schauspieler mit der Rolle, die er spielt. Jedenfalls will ich nicht in eine Branche, nur um meine Eitelkeit zu befriedigen und mir eine Oberfläche aus falscher Coolness aufzubauen. Ich habe Jack gesagt, dass er nicht mehr auf mich zählen kann."

„Ist er in die Luft gegangen?"

„Ja, er hatte wenig Verständnis dafür, und ich kann seine Enttäuschung gut verstehen. In mir sieht er das perfekte Produkt: einen gutaussehenden, formbaren, ehrgeizigen und vor allen Dingen jungen und willigen Menschen, der auf der Leinwand mit einer hübschen Partnerin in kitschigen Geschichten die Herzen der jungen Leute erobert. Drei Filme von dieser Machart in schneller Abfolge hat er mir angedroht. Ich weiß genau, dass alles danach ziemlich schnell vorbei sein

würde. Und nach mir käme der nächste gutaussehende junge Mensch, dem das gleiche Schicksal droht."

„Wo sehen Sie Ihre Zukunft?"

„Ich würde mich gern dem Fernsehen zuwenden und ihm etwas von seiner Leichtigkeit, Seichtigkeit und Flachheit nehmen, indem ich wissenschaftliche Filme und Dokumentationen produziere. Haben Sie in letzter Zeit ferngesehen? Das Fernsehen ist nicht nur oberflächlich und belanglos, es ist auch voller Gewalt. Zu viele Kinder sitzen davor, abgesehen von den zu vielen Erwachsenen. Ändern kann man das nicht mehr, dazu müsste man das Fernsehen ganz abschaffen. Aber man kann versuchen, ihm durch anspruchsvolle Inhalte mehr Wert zu verleihen. Ich habe während meiner sportlichen Tätigkeit etwas Geld gespart, den Rest hole ich mir von der Bank, und dann gründe ich eine Produktionsfirma und werde versuchen, Beiträge von Qualität und Niveau herzustellen. Lassen Sie uns das Fernsehen noch nicht aufgeben."

Susan kam herein und setzte sich zu den beiden Männern, aber im gleichen Moment wurde die noch nicht richtig begonnene Unterhaltung durch das Telefon unterbrochen, und Kenny sagte nach einem kurzen Gespräch, dass es mit seiner Bank wichtige Einzelheiten zu seiner Kreditaufnahme zu besprechen gäbe, und er verabschiedete sich von Rolf Sonne und verließ das Haus. Susan beschloss daraufhin, dass man auf die Terrasse umziehen sollte, platzierte Sonne dort in einem Gartenstuhl, verschwand noch einmal in der Küche, kam

anschließend mit zwei bunten Cocktails zurück und reichte dem Filmkomponisten ein Glas.

„Probieren Sie mal", sagte sie. „Ohne Alkohol."

„Prima", antwortete Sonne. „Eine schöne Abwechslung. Ich bin ohnehin ein besserer Raucher als Trinker."

„Das unterscheidet Sie von einem Großteil der Menschen dieser Stadt. Insbesondere jene Ihrer Branche."

Rolf Sonne zögerte nicht länger und sagte Susan, was er mit seinem Besuch bezweckte, und zu seiner Erleichterung reagierte sie auf sein Angebot, gemeinsam mit ihm die Platte aufzunehmen, weit weniger misstrauisch, als er befürchtet hatte. Ihre Bedingung war, dass ihr Name nirgends genannt und ihr Bild nirgends gezeigt werden sollte, und dass sie von sämtlichen Vermarktungspflichten freigestellt und zu keinerlei Konzertauftritten herangezogen werden wollte. Rolf Sonne staunte zwar, dass in dieser Stadt eine junge hübsche Frau mit ihrer Begabung solche Scheu vor der Öffentlichkeit hatte – er war das Gegenteil gewohnt –, jedoch war ihm das alles recht, und er ahnte zu gut, dass Versuche, Susan vom Gegenteil zu überzeugen, fruchtlos geblieben wären, und als er sagte, dass alle diese von ihr gewünschten Einzelheiten in dem noch zu erstellenden Vertrag gern festgehalten werden könnten, bestand Susan darauf, dass sie auf keinen Fall einen Vertrag, sondern nur Sonnes Handschlag und sein Versprechen wolle, alles einzuhalten, was besprochen worden war. Sonne reichte ihr die Hand und versprachs.

Sonne fuhr nach Hause. Der Filmkomponist war voller Pläne. So viele Lieder spielten in seinem Kopf, so viele Arrangements konnte er dort schon hören, so viele Wörter formten sich zu Textzeilen. Die größte Hürde jedoch galt es noch zu nehmen, denn es musste eine Firma gefunden werden, die ihm einen Vertrag für die Platte gab. Beunruhigend fand er diesen Gedanken auf Dauer nicht, denn Verbindungen und mächtige Bekannte in der Industrie hatte er genug, und er war sicher, dass sich diese Frage schnell von selbst lösen würde, wenn er dem einen oder anderen Leiter einer Plattenfirma einige Probemitschnitte von Susan vorlegte. Als er wieder zuhause war, und, an den goldenen Flügel gelehnt, mit der unvermeidlichen Zigarette in der Hand den Blick aufs Meer richtete, wurde ihm auf beklemmende Art und Weise erneut bewusst, dass ihm seine eigentliche Tätigkeit, das Schreiben, Arrangieren, Produzieren und Aufnehmen von Filmmusik, zu einer Gewohnheit, einer Arbeit, einer Verrichtung geworden war, deren Ergebnisse lediglich dazu gedacht waren, bei Kinogängern und Fernsehzuschauern einen schnell verdampfenden Begleiteffekt für vorbeilaufende Bilder hervorzurufen. Sonne fand, es war Zeit, dies zu ändern, und er entschloss sich, nach der Beendigung des aktuellen Auftrages für das Fernsehen zunächst keine weiteren Anfragen mehr entgegenzunehmen, und stattdessen alle Kraft, alle Anstrengung auf sein Projekt mit Susan zu richten. Dieser Gedanke setzte eine Welle guter Laune in ihm frei, und er wollte diese mit jemandem teilen, so ging er hinunter und suchte seine Tochter, fand sie auf dem Teppich im Wohnraum,

40

in die Beschäftigung mit einem Spielzeug vertieft. Seine Frau, ihre Aufmerksamkeit auf eine Zeitschrift gerichtet, lag auf dem Sofa und sagte nichts, als er den Raum betrat, so nahm er seine Tochter und ging mit ihr hinaus in den Garten. Sonne setzte sich und nahm die Kleine auf den Schoß. Sie blätterte in einem Kinderbuch und erklärte ihm, vergnügt in ihrer Rätselsprache plappernd, die bunten Bilder, die sie dort sah. Nicht lange danach trat seine Frau auf die Terrasse, bat ihn, sich mit dem Handwerker zu verständigen, der seit dieser Woche das Badezimmer renovierte, pflückte ihm danach seine Tochter aus dem Schoß und ging zurück in den Wohnraum.

*

Als Susan in der folgenden Woche zum ersten vereinbarten Probetermin im Haus der Sonnes erschien, wurde sie von Monica Sonne mit lautstarker Herzlichkeit und Gastfreundlichkeit empfangen, und sie platzierte die junge Frau im Wohnzimmer und hörte nicht mehr auf, auf sie einzureden, was Rolf Sonne genug Gelegenheit gab zu beobachten, dass der Mund seiner Frau dabei zwar dauerhaft zu einem breiten Lächeln auseinandergezogen war, ihre Augen jedoch kalt und starr glänzten. Trotzdem ließ Monica Sonne länger als eine Stunde nicht von Susan ab, bevor es ihrem Mann gelang, Susan aus der Situation zu lösen, und sich der Komponist und seine Sängerin ins Musikzimmer zurückziehen konnten. Sonne

hatte umfangreiche Vorbereitungen getroffen, um das für heute anstehende Programm reibungslos und professionell ablaufen zu lassen. Die letzten Tage über hatte er immer wieder jenes Stück, das er in der Pianobar geschrieben hatte, sowie zwei weitere Nummern, die er bereits seit längerer Zeit in der Schublade aufbewahrte, durchgespielt und überarbeitet. Er spielte Susan die neuen Stücke vor, bis sie sich die jeweilige Tonfolge gemerkt hatte, dann begannen Komponist und Sängerin, nach einer passenden Tonart für ihre Stimme zu suchen. Im Anschluss übernahm Susan den Gesang, und man spielte das Stück so lange durch, bis es ‚saß'. Der nächste Schritt bestand darin, eine gute Demo-Aufnahme aufs Band zu bekommen, und zu diesem Zweck hatte Sonne schon zwei Mikrofone aufgebaut, eines für Susans Stimme, eines für sein Klavier. Er stellte für Susan einen gepolsterten Barhocker bereit, aber sie lehnte dankend mit dem Hinweis ab, sie wolle lieber stehen, so platzierte er noch einen Notenständer vor ihr, wo sie die Texte ablegen konnte. Zuletzt rollte Sonne einen kleinen Wagen mit quietschenden Gummireifen, auf dem sich das Tonbandgerät befand, an die Klavierbank, stöpselte die Mikrofonkabel ein und setzte sich. Als Susan bereit war, drückte Sonne den Startknopf, und im Lauf des Nachmittages wurden so drei Lieder in mehreren Durchgängen auf Band verewigt. Danach bat Sonne Susan noch um einige Harmoniegesänge, die nachträglich hinzugefügt wurden. Später, als Susan sich schon verabschiedet hatte, fügte Sonne bei allen Titeln eine zweite Klavierspur hinzu, und legte die erste jeweils auf den rechten, die zweite auf den linken

Lautsprecher, um einen wirksamen Stereoeffekt zu erzielen. Auch wenn es nur Probeaufnahmen waren, mussten sie als Beweisführung für Susans Gesangstalent in jedem Fall überzeugend klingen, zum Beispiel in den Ohren der Bosse potenzieller Plattenfirmen – und zu genau so einem ging Sonne dann. Dieser hörte sich die Bänder im Beisein des Komponisten und zweier Windhunde, die sich auf seidenen Kissen aalten, an – sehr zu Sonnes Leidwesen, denn dieser fühlte sich in der Gegenwart von Hunden seit jeher beklommen –, äußerte Wohlgefallen an dem, was er hörte, und wenige Tage später wurde Sonne ein Vertrag zur Unterzeichnung vorgelegt. Dieser versammelte, nachdem er Arrangements für die einzelnen Stücke verfasst hatte, ohne weiteres Zögern seine Lieblingsmusiker in einem Studio, das der Plattenfirma gehörte, und begann mit den Aufnahmen. Dass Sonne mit der noch ausstehenden Fertigstellung der Musik für die Fernsehproduktion nunmehr doppelt belastet war, führte dazu, dass die Zeit, die er mit seiner Familie verbrachte, schmal blieb. Er sah seine Tochter unregelmäßig, die Eheleute sprachen wenig. Zufällig erfuhr er dabei, dass sich Mrs. Gaines eine freie Woche auserbeten habe. Ihr Mann sei krank, sagte Monica Sonne beiläufig. Sonne rief noch am gleichen Tag seinen Hausarzt an, der ihm berichtete, dass der bereits befürchtete Verdacht auf Darmkrebs bei Mr. Gaines sich bestätig habe, das Geschwür aufgrund seiner Größe jedoch nicht zu operieren sei, und dass dem Patienten bestenfalls noch ein halbes Jahr zu leben bliebe, was er dem Ehepaar schon mitgeteilt habe.

Rolf Sonne war kein spontaner Mensch, dennoch setzte sich augenblicklich in seinem Inneren etwas in Bewegung, und er verspürte einen starken Drang, den daraus geborenen Gedanken sofort in die Tat umzusetzen. Er fragte seine Frau unter einem Vorwand nach Mrs. Gaines' Adresse, verließ abends, Monica im Glauben lassend, dass er noch einmal ins Studio müsse, das Haus, setzte sich in seinen Wagen und steuerte diesen zunächst durch das angrenzende Glitzerviertel in östlicher Richtung, bis Glanz und Glitzer schwanden und schließlich verschwanden, und er eines der Wohnviertel am Stadtrand erreichte. Er betrat einen Innenhof unter der gesuchten Adresse, suchte die Klingelschilder ab, läutete und lief, da die Haustür geöffnet war, nach oben. Dort in der Tür stand Mrs. Gaines, das Gesicht bleich, die Augen rot, die Wangen hohl. Rolf Sonne grüßte und äußerte etwas unbeholfen, weil ihm nichts Besseres einfiel, dass er nur mal dem Rechten sehen wolle, und sie bat ihn herein. Sonne konnte vom Korridor aus ins Wohnzimmer sehen, wo Mr. Gaines, eingehüllt in eine dünne Decke, auf einem Sofa lag, an dessen Fußende ein Fernseher flackerte. Sie führte ihn ins Zimmer und stellte ihn vor, und der Kranke schaltete das Gerät aus und machte Anstalten, sich zu erheben, aber Sonne bat ihn, liegenzubleiben. Mrs. Gaines erklärte, das Krebsleiden würde ihrem Mann Rückenschmerzen bereiten, was bei Darmkrebserkrankungen nicht ungewöhnlich sei, deswegen fiele ihm das Sitzen auf den weichen Polstermöbeln schwer, und er verbringe seine Tage jetzt hauptsächlich liegend. Sie setzte sich zu ihrem Mann auf das Sofa, richtete die Kissen, strich die

Decke glatt, und er nahm dankbar ihre Hand, wobei sich ihre Blicke stumm trafen, und Mrs. Gaines nickte nur, während ihre Mühe, sich nicht einem tränenreichen Gefühlsausbruch hinzugeben, ihr deutlich anzusehen war. Sie tätschelte ihrem Mann zwischendrin zärtlich die Wangen, und die beiden hatten auch keine Scheu, sich vor dem Beobachter zu küssen, und Sonne verfolgte wortlos und unauffällig die kleinen Zärtlichkeiten und Gesten des Ehepaars und konnte nicht anders als zu denken, dass beide bestimmt auch bei ihrer ersten Verabredung vor dreißig oder noch mehr Jahren ihre Hände genauso ineinander gewunden hatten wie jetzt. Mrs. Gaines sagte, sie müsse kurz in die Küche, und eilte davon. Mr. Gaines bat Sonne, sich zu setzen, er tat wie geheißen und fragte dann, welche Behandlungsmethoden der Arzt vorgeschlagen habe, obwohl er genau wusste, dass keine Behandlung mehr Aussicht auf Erfolg haben würde.

„Es gibt keine Hoffnung mehr", sagte Mr. Gaines, und er sagte es völlig unbeeindruckt von seiner misslichen Lage. „Und das ist gar nicht das Allerschlimmste, denn ich habe keine Angst vor dem Tod. Eigentlich war das nicht immer so, denn vor ein paar Jahren hatte ich eine Midlife-Crisis, und während dieser Zeit habe ich mich ständig gefragt: War das jetzt alles? Kommt noch etwas, oder muss ich jetzt sterben? Ich konnte es nicht ertragen, in dieser Zeit etwas vom Tod zu hören. Ich hatte eine entsetzliche Angst vor ihm. Aber seit ich diese Krise hinter mich gebracht habe, hat sich diese Angst in völlige Gleichgültigkeit gekehrt. Jetzt bin ich ohne Furcht und bereit zu gehen. Der Arzt hat gesagt, ich habe vielleicht noch ein

halbes Jahr, aber auch, wenn es morgen sein müsste, hätte ich kein Problem damit. Ich bin bereit dafür. Was aus meiner Frau wird, das macht mir viel mehr Sorgen. Wir hatten nie viel Geld. Das, was wir auf der Bank haben, wird durch meine Beerdigung noch weiter schrumpfen. Arbeiten kann ich wegen der ständigen Schmerzen nicht mehr, und wenn Sie, Mr. Sonne, nicht die Arztrechnungen bezahlt hätten, wäre unsere Lage noch viel schwieriger. Aber dennoch wird meine Frau, nachdem ich weg bin, gezwungen sein, immer noch weiterzuarbeiten, vermutlich auch, wenn sie schon längst in Rente gehen könnte. Und dass ich nichts dagegen tun kann, das ist mein wahrer Schmerz."

Sonne blätterte in seinem Kopf nach Worten, wollte etwas Hoffnungsvolles, Aufbauendes kundtun, und mühte sich, einen aufmunternden Ton zu treffen, so wie es alle Menschen tun, wenn sie genau wissen, dass längst keine Hoffnung mehr besteht.

„Wahrscheinlich ist es am sinnvollsten, wenn Sie noch einmal mit dem Arzt sprechen", sagte er, seiner Stimme einen beruhigenden, sonoren Klang gebend. „Auch wenn eine Operation nicht durchführbar ist, gibt es doch sicher Mittel und Methoden, mit denen man das Wachsen des Tumors einschränken kann. Und wer weiß, vielleicht bleiben Ihnen nicht nur Monate, sondern noch Jahre."

„Der Doktor hält das für ausgeschlossen. Er war sehr ehrlich zu mir und meiner Frau. Er sagte, wenn ich vor einem Jahr zu ihm gekommen wäre, hätte man noch etwas machen können. Aber im gegenwärtigen Zustand kommt alles zu spät. Schuld

bin ich selbst. Ich wollte mir die Gebühr für die Vorsorgeuntersuchungen sparen, und wenn ich ehrlich bin, habe ich über einen langen Zeitraum alle Anzeichen unbeachtet gelassen. Ich bin niemand, der bei leichten Schmerzen sofort zum Arzt geht, erstens weil ich mir sage, es geht schon wieder weg, zweitens, weil meine Frau und ich nun mal ständig auf unser Geld achten müssen. Natürlich habe ich damit einen tödlichen Fehler gemacht und bezahle jetzt dafür. Wir hatten es nie leicht. Wir sind nicht reich geworden, wir mussten kämpfen, unser Sohn ist gestorben. Aber egal was kam, immer hatte sie mich und ich sie. Wir sind seit siebenunddreißig Jahren verheiratet und waren in dieser Zeit nicht einen Tag getrennt. Ich liebe meine Frau von ganzem Herzen, und dieses Gefühl wird bis zum letzten Moment bei mir bleiben."

„Sie machen eigentlich gar keinen kranken Eindruck", sagte Rolf Sonne, und er meinte es aufrichtig.

„Ja, das ist das Schöne an Darmkrebs", antwortete Mr. Gaines, und er lachte dabei. „Man hat nur ein bisschen Bauch- und Rückenschmerzen, und ein, zwei andere kleine Leiden, die vielleicht etwas unangenehm, aber schmerzfrei sind. Ärgerlich ist nur, dass ich nichts mehr zum Lebensunterhalt beitragen kann. So liege ich jetzt hier herum, schaue zu viel fern, lese ein bisschen, und warte, was noch kommt. Und meine Frau versucht, sich mit ihrer Arbeit zu betäuben, obwohl sie sich ja jetzt freigenommen hat, weil sie meint, sie müsste mich pflegen. Aber noch gibt es nichts zu pflegen, noch kann ich mich selbst versorgen. Der Doktor meint, dass es mir noch eine

Weile gut gehen wird, aber dass es auch sehr schnell bergab gehen kann. Er hat mir alles ehrlich gesagt. Ein guter, ehrlicher Arzt."

Mrs. Gaines kam wieder herein, verteilte Getränke, dabei zu Boden blickend, um ihre verweinten Augen zu verbergen, setzte sich wieder zu ihrem Mann und nahm seine Hand. Mr. Gaines blinzelte sie fröhlich an und strich ihr übers Haar.

*

Jack Hamilton hatte sich zum Besuch bei Rolf Sonne angesagt, und er brachte einen Rohschnitt einer seiner aktuellen Produktionen mit, jene, die er schon beim Besuch der Sonnes angesprochen, jedoch dann nicht wieder erwähnt hatte. Er übernahm es selbst, den Projektor in Sonnes Musikzimmer in hektischer Hantiererei mit den Filmrollen zu bestücken, nahm dann, als der Film anlief, kurz Platz, sprang aber nach den ersten Sekunden wieder auf, lief vor der Leinwand hin und her, kommentierte dabei laut und lebhaft und gestenreich, in welchen Szenen er sich welche Musik wünsche, rannte zwischendrin mehrmals zum Projektor und spulte den Film mal vor, mal zurück, und wurde dabei nicht müde, Rolf Sonne mit Anregungen, Vorstellungen und Wünschen anzubellen. Dieser hörte ihm zu, rauchte, saß bewegungslos da und gab sich still. Als Hamilton geendet hatte und den Film stoppte,

sagte Sonne immer noch nichts, was den Filmproduzenten irritierte, und er fragte Sonne, ob alles in Ordnung sei.

„Jack", sagte Sonne, „mir gefällt dieser Film nicht."

„Dir gefällt der Film nicht? Was gefällt dir daran nicht?"

„Alles. Ich finde ihn albern, kitschig, peinlich und schlecht gespielt. Möglicherweise wird er an den Kinokassen ein großer Erfolg. Aber ich will mit diesem Streifen nicht in Verbindung gebracht werden."

Jack Hamilton reagierte anders, als Sonne es erwartet hatte. Er sagte einfach:

„Gut, dir gefällt der Film nicht, und du willst damit nicht in Verbindung gebracht werden. Auch gut. Dann muss ich mich an jemand anderes wenden. Aber darf ich dich fragen, was los ist? Diese Produktion ist doch genau so eine wie die letzten drei oder vier, die wir gemacht haben."

„Das genau ist das Problem."

„Ah. Ja, ich weiß, du willst höher hinaus, ich hab es schon von Kenny gehört. Du machst mit seiner Verlobten eine Platte. Hast du keine Lust mehr auf Filmmusik?"

„Mir ist die Freude an Musik etwas verlorengegangen. Ich will sie wiederfinden, und zwar in Musik, die auch ohne Bilder leben kann."

Jack Hamilton zögerte kurz, klopfte Sonne dann auf die Schultern, wünschte ihm viel Erfolg bei seinem Projekt, packte die Rollen ein und eilte davon.

Beim Abendessen informierte Monica Sonne ihren Mann, dass sie einen zweiwöchigen Aufenthalt bei einer Freundin im

Mittelwesten plane, denn diese hätte sich zusammen mit ihrem neuen Ehemann den Traum einer Ranch erfüllt und sie eingeladen. Die Tochter würde sie mitnehmen, denn die Freundin hätte selbst zwei kleine Kinder, und das Anwesen wäre aufgrund seiner Größe, der Landschaft und der Tatsache, dass es dort viele Tiere wie Pferde und Hunde gäbe, ein wahres Paradies für Kinder.

„Du willst doch nicht mitfahren?" fragte sie beiläufig. „Du hast doch so viel zu tun momentan."

Zwar wunderte sich Rolf Sonne etwas über diesen scheinbar schon feststehenden Entschluss, denn noch nie war Monica allein in den Urlaub gefahren, aber dass er mit dem Abschluss des Fernsehprojektes und seiner neuen Platte tief in der Arbeit steckte, das ließ sich nicht verleugnen. Daher war sein nächster Gedanke bereits, dass er dann das Haus für sich habe und beim Komponieren nicht mehr auf die Schlafstunden seiner Tochter Rücksicht nehmen musste. Als er die beiden in der nächsten Woche in das Flugzeug gesetzt hatte, fuhr er auf dem Rückweg bei der Zentrale des Fernsehsenders vorbei, gab dort die Bänder mit dem Soundtrack ab und fuhr dann weiter ins Studio, wo sich bereits einige der Musiker für die Aufnahmesession zu seinem Album versammelt hatten. Geplant war, die Instrumentalspuren für die letzten zwei Stücke aufzunehmen, und als nächstes konnte er endlich Susan ins Studio holen, um sich den Gesangsaufnahmen zu widmen. Die Aufnahmen dauerten bis in den späten Abend, danach zog sich Rolf Sonne Kopien davon auf eine Musikcassette und fuhr nach Hause. Dort hörte er sich die

Stücke im vertrauten Klang seiner eigenen Stereoanlage noch einmal an, seiner Gewohnheit nach auf Zimmerlautstärke, bis er sich daran erinnerte, dass das Haus leer war, und so drehte er den schweren, chromschimmernden Lautstärkeregler weit, weit nach rechts, um das Vibrieren der Bässe zu spüren, sich am silbrigen Zischen der Becken zu freuen, und um jede Nuance der Streicher, Blechbläser und seiner eigenen Klavierakkorde noch einmal zu erleben. So lauschte er in Orchesterlautstärke, bei offenem Fenster, und dass Susans Stimme noch fehlte, störte ihn nicht, er hörte sie trotzdem.

*

An einem der Tage in der darauffolgenden Woche saß Rolf Sonne am Frühstückstisch und rauchte, als das Telefon in der Eingangshalle läutete. Mrs. Gaines, die mittlerweile nur noch drei Tage in der Woche für die Sonnes arbeitete, um mehr Zeit für die Pflege ihres Mannes zu finden, war nicht im Haus, so ging er selbst hinaus. Es meldete sich sein Freund Harry Tanner. Tanner war Schriftsteller, hatte seit den späten sechziger Jahren ein halbes Dutzend Bestseller geschrieben und lebte jetzt am Rande eines kleinen Ortes in Arizona. Sonne freute sich über den Anruf, denn seit Tanners Weggang aus der Stadt hatten sich die beiden Männer nicht mehr gesehen. Tanner berichtete, dass er morgen hier sei, um mit seinem Verleger zu sprechen, und ob Sonne nicht Lust auf ein

Wiedersehen habe. Sonne schlug vor, dass Tanner ihn zuhause besuchen solle, denn er wusste, dass Tanners empfindsame Persönlichkeit, die sich in unberührter Natur oder hinter dicken Mauern vor der Welt beschützt am wohlsten fühlte, eine Zusammenkunft inmitten der Hektik der großen Stadt über Gebühr irritiert und belastet hätte. Am späten Nachmittag des nächsten Tages stellte Harry Tanner seinen im schweren Nachmittagslicht metallisch grellgrün schimmernden Kombi auf dem Vorplatz von Sonnes Haus ab. Tanner war etwas älter als Sonne, aber im Gegensatz zu ihm war sein Körper schlank und sehnig, sein Gesicht glänzte in gesunder Bronzefarbe, sein Tritt war sportlich, und als Sonne ihm draußen entgegeneilte, fühlte dieser plötzlich das Verlangen, seine Hose umständlich, mühevoll und etwas peinlich berührt über den Bauchansatz zu ziehen. Sonne bat den Freund ins Haus und versorgte ihn mit einem großen Glas Wasser, denn er wusste, dass der enthaltsam lebende Schriftsteller Alkohol verschmähte, ja verachtete. Harry Tanner erzählte dann, dass er soeben den Vertrag für ein neues Buch unterzeichnet habe, woraufhin Rolf Sonne sich wunderte, dass sein Freund bei seiner Abneigung gegen die Großstadt derlei Dinge nicht postalisch erledigte, und Tanner sagte knapp, aber vielsagend: „Bei Vertragsunterzeichnungen musst du den Geschäftsleuten in die Augen blicken."

Als Tanner am frühen Abend, nach einem an Austausch von Neuigkeiten, gemeinsamen Erinnerungen, alten Anekdoten und Geschichten reichen Nachmittag, wieder Richtung Heimat aufbrechen wollte, bat Sonne ihn, doch bei ihm

Quartier für die Nacht zu beziehen, was Tanner dankbar annahm und ihn im spontanen Gegenzug fragte, ob er anderntags nicht für ein, zwei Tage mit nach Arizona kommen wolle. Sonne zögerte nicht lange, denn seine Familie war nicht da, mit Susan hatte er noch keine Termine vereinbart, Tanners Haus hatte er auch noch nie gesehen, und zudem fand er, dass er die letzten Wochen genug Zeit in stickigen Aufnahmestudios verbracht hatte und eine Atmosphärenänderung ihm guttäte. So sagte er zu, und am nächsten Vormittag brachen die beiden Herren in Tanners Kombi auf in Richtung Arizona. Es fielen ihnen im Lauf der Fahrt noch mehr amüsante Begebenheiten aus vergangenen Tagen ein, irgendwann kamen sie aus dem Lachen nicht mehr heraus und fühlten sich überschwänglich wie Schulbuben auf der Fahrt in die Ferien, und als Tanner das Radio anstellte und ein Sender die Lieder ihrer Jugend spielte, brüllten sie laut und vergnügt mit. In bester Stimmung erreichten sie am späten Nachmittag ihr Ziel. Tanner durchfuhr die kleine Stadt, steuerte den Wagen am Ortsende wieder hinaus, bog nach knapp zwei Meilen in eine staubige, von großen Kakteen bewachte Straße ab, die auf eine Anhöhe führte, und dort oben, zwischen zwei faltige Bäume mit krausen Kronen eingebettet, ruhte sein Haus, ein kleiner Quader, aus roten Ziegeln erbaut.

„Pass auf die Vipern auf", sagte Harry Tanner, als er den Motor abgestellt hatte und ausstieg. Sonne spähte, nachdem er die Fahrzeugtür geöffnet hatte, nervös im Sand herum, ob dort irgendwo Kriechtiere lauerten, war sich aber gleichzeitig nicht sicher, ob Harry Tanner dies vielleicht nur zum Spaß gesagt

hatte. Er ließ sich jedoch in seiner kindlichen Ferienlaune nicht beirren, holte sein Gepäck aus dem Wagen und bezog auf Weisung seines Freundes ein Zimmer im hinteren Teil des ebenerdigen Hauses, öffnete als erstes das Fenster und überblickte die goldrote Ebene der Wüste, in der ein bis zum Horizont reichendes Heer von meterhohen Kakteen im stummen Gebet die starren Arme zum wolkenlosen Himmel reckte. Sonne folgte seinem natürlichen Drang, sich eine Zigarette anzustecken, blies den Rauch hinaus in die Wüste und lauschte dabei ihren Klängen. Verhaltenes Vogelgezwitscher drang an sein Ohr, das leise Atmen des Windes in den Baumkronen über dem Haus, das rhythmische Quäken einer unsichtbaren Wüstenkreatur, dazu ein schabendes Geräusch, so als würde ein kleines Nagetier versuchen, sich mit seinen kräftigen Zähnen durch die Mauer ins Haus zu bohren.

„Wie wäre es mit einem frühen Abendessen?" fragte Harry Tanner, der unvermittelt in der Tür stand.

„Gerne", sagte Rolf Sonne und schnippte die Zigarette hinaus in den Wüstensand. Auf dem Weg in die Küche fiel ihm am Ende des Ganges eine Tapetentür ohne Klinke auf, und er fragte Tanner, wohin es dort gehe. Dieser steckte wortlos einen Schlüssel in ein im Tapetenmuster verborgenes Schlüsselloch, zog die Tür auf, und die beiden Männer betraten einen schmalen Vorraum, wo Tanner zunächst Licht machte und danach eine weitere Tür öffnete, und Sonne konnte jetzt anhand des unter einem Fenster platzierten Schreibtisches, auf dem eine Schreibmaschine thronte und Papierbögen verstreut

umherlagen, leicht erkennen, dass er sich im Arbeitszimmer seines Freundes befand.

„Du hast dich mit zwei Türen von der Welt abgeschottet", stellte er, sich Tanner zuwendend, fest. Dieser nickte zunächst nur stumm, schien zu überlegen und sagte dann:

„Ich wollte nie heiraten, Rolf, aber trotzdem habe ich es dreimal getan. Und ich habe es in keinem von diesen drei Fällen getan, weil ich die Frauen, die ich heiratete, geliebt habe. Ich bin mir nicht einmal sicher, ob ich so etwas wie Liebe verspüren kann. Ich empfinde Verlangen nach Frauen, nach ihrem Körper, ihrem Duft, ihren Lippen. Aber ich spüre sie nicht, nicht die Frau, nicht die Liebe. Nun ist es aber in unserer Gesellschaft Brauch, zu heiraten, und wer nicht heiratet, über den erzählt man schnell dumme Geschichten. Zudem war ich willig, es immer wieder zu versuchen, denn ich dachte mir: Alle tun es, so tust du es auch, und die Gewöhnung daran wird sich einstellen, sobald genügend Zeit vergangen ist. Aber das Gegenteil ist der Fall. Länger als zwei Jahre halte ich diese Ankettung an einen Menschen nicht aus, und der Zerfall der vorgeblichen Zweisamkeit begann meist schon direkt nach dem Ja-Wort. Warum das so ist, weiß ich nicht. Dass die Natur ausgerechnet an mir derartige Versuche vornimmt, hat mich lange geärgert, weil ich sein wollte wie die anderen, ich wollte es leicht haben und nicht auffallen. Aber mittlerweile lässt mich das nur noch gering verzweifeln. Ich versuche einfach, damit zurechtzukommen, indem ich mich so annehme, wie ich bin. Und ich habe nach der zweiten Ehe festgestellt, dass ich das nur kann, wenn mir genügend Zeit für mich selbst und

genügend Raum zur Verfügung stehen. Die Zeit – das habe ich mit Karen, meinem, wie du weißt, letzten Eheversuch, genau besprochen, – die muss, will und werde ich mir nehmen, ohne Kompromisse. Ich habe ihr klargemacht, dass ich zuvörderst in meiner Arbeit aufgehe und nicht in Wochenenden in Malibu, in Reisen und in Cocktailpartys. Und als ich dieses Haus gebaut habe, wollte ich mir zur Zeit auch den buchstäblichen Raum schaffen. Den zweiten Schlüssel zur Tapetentür habe ich nicht Karen gegeben, sondern meinem Arzt. Es musste mir möglich sein, ein Leben zu führen, ohne mit dem Tagesgeschäft aus Mahlzeiten, Besuchen und Anrufen Berührung zu haben. Eine Unterbrechung in meiner Arbeit irritiert mich auf Tage hinaus, und es fällt mir dann unsäglich schwer, ins Werk zurückzukehren. So habe ich mich zurückgezogen, allein mit mir und dem Blick über die Weite der Wüste, der mich inspiriert und der meinen schöpferischen Motor am Laufen hält. Wenn ich wollte, könnte ich hier wochenlang eingesperrt bleiben, ich habe immer Vorräte hier, die Couch lässt sich zu einem Bett umfunktionieren, und die Tür da vorne rechts führt zu einem kleinen Badezimmer. Ich habe an alles gedacht. Aber du weißt ja, dass es auch in diesem Fall wieder nur eine Frage der Zeit war, und jetzt sind Karen und ich schon wieder zwei Jahre geschieden."

„Schließt du dir Türe trotzdem noch hinter dir ab?"

„Ich bin dabei, es mir abzugewöhnen, denn mit dem Ende dieser Ehe ist auch meine Phase des Zusammenlebens vorbei, und ich will künftig ganz allein bleiben. Mit vier Ehen würde mich sowieso keiner mehr ernst nehmen, ich mich selbst am

allerwenigsten. Ich verlasse das Haus jetzt nur noch selten, spreche vielleicht mal mit dem Postboten. Besuch blocke ich ab, ans Telefon gehe ich nur, wenn mir danach ist. Aber ich bin glücklich so, denn diese Bedingungen ermöglichen mir die volle Konzentration auf meine Arbeit. Nichts lenkt mich ab, und ich bleibe im Fluss. Nur ich, meine Schreibmaschine, und der Blick aus dem Fenster. Mehr brauche ich nicht. Dann bin ich ich selbst."

„Ich verstehe das. Die Menschenwelt war dir immer schon verdächtig."

„Verdächtig? Vielleicht. Vielleicht auch fremd, und oft genug finde ich sie lachhaft, obwohl ich öfter wegen ihr weinen möchte. Ich bin gesegnet, dich zu kennen, und ich komme in meinem Leben nur auf wenige Bekanntschaften, die so bedeutsam, tief und wertvoll sind, dass sie bis heute Bestand haben, und von denen mein Kopf bis heute Nahrung bezieht. Kennengelernt habe ich tausend Leute, mit nur zweien oder dreien blieb ich befreundet. Du kennst all die Feste und Empfänge, die Partys, dieses gesellschaftliche Schaulaufen. Bei diesen Gelegenheiten wurde mir immer wieder klar, wie tief das Tierhafte in uns steckt: Wir ziehen uns dazu an wie Paradiesvögel, rotten uns wie Affenherden zusammen, versuchen dabei, uns mit den Anführern, den Oberaffen, gutzustellen, und um uns herum lauern die Business-Löwen, die uns fressen wollen. Aber ich möchte versuchen, mich vom Tierhaften zu entfernen. Und erst in der Absonderung von den Menschen lerne ich, Mensch zu werden."

Harry Tanner bereitete später ein schlichtes, aber, wie Sonne fand, vorzügliches und fleischloses Abendessen, und die beiden Männer saßen sich während der Mahlzeit beim Flackern einer Kerze an den langen Enden eines großen Esstisches gegenüber, dem man anmerkte, dass er einst für deutlich umfangreichere Gesellschaften angeschafft worden war. Sonne beneidete seinen Freund, der sich gefunden zu haben schien, und der, ohne Zugeständnisse zu machen, nur einem nachging, nämlich der Verwirklichung seiner selbst durch das Hervorbringen der Werke, die in ihm wohnten.

„Wie ist das", fragte Sonne, „wenn du ein Manuskript abgibst, und sie sagen dir, sie fänden es ganz nett, nur ein anderer Anfang und ein Happy End wären schön?"

„Das habe ich schon oft erlebt, und es passiert mir auch immer wieder. Aber ich habe den entscheidenden Vorteil, dass ich einen großen Namen im Geschäft habe. Wenn Verlag A irgendwas nicht gefällt, gehe ich zu Verlag B, die froh sind, dass sie so einen wie mich kriegen. Wobei ich hier etwas Wichtiges sagen muss: Mir ist der Erfolg nicht wichtig. Wozu auch? Ich habe so viel Geld auf der Bank, dass ich zweihundert Jahre leben müsste, um alles auszugeben. Ich mag es auch nicht, ein Teil des sogenannten Literaturbetriebs zu sein. Du weißt, dass ich seit Jahren Interviews ablehne und auch keine Lesungen halte und ähnlich dummes Zeug. Das überlasse ich den Kollegen, die das besser können, die gern ihren Namen in der Zeitung lesen, die gern Pressekonferenzen abhalten und darin anfangen, ihre eigenen Bücher zu deuten und zu interpretieren. Sollen sie glücklich werden damit und zwei-

hunderttausend Bücher verkaufen. Aber mir sind zweitausend Leser mit Verstand wichtiger als zweihunderttausend, die sich ein Buch nur kaufen, weil es eine positive Kritik erhalten hat. Ich will mir selbst treu bleiben, gerade beim Schreiben. Es darf in der Kunst keine Kompromisse geben. Das ist die oberste Pflicht des Künstlers, sofern Künstler irgendeine Pflicht haben. Alles andere ist Ausverkauf."

Am nächsten Tag lud Harry Tanner seinen Freund zu einem Ausflug in die Wüste ein. Um der Hitze zu entgehen, fuhren sie los, als es gerade hell und noch kühl war, und Rolf Sonne fand, dass der metallicgrüne Lack von Tanners Kombi in den roten Strahlen der Morgensonne noch überwirklicher schimmerte als am Vortag. Tanner steuerte den Wagen über einen schmalen Pfad, der für Rolf Sonne nicht immer genau sichtbar war, aber wenn er den Eindruck hatte, dass man nur noch querfeldein fuhr, fand Harry Tanner doch immer wieder präzise auf den Weg zurück.

„Was ist das?" fragte Sonne nach einer halben Stunde Fahrt.

„Das ist das, was ich dir zeigen wollte", sagte Tanner. Er stoppte den Wagen, die beiden Männer stiegen aus und näherten sich dem Objekt ihres gemeinsamen Interesses: Ein Baum, ein mächtiger, ein mit weit ausladenden und fast bis zum sandigen Boden hinunter tastenden Ästen gewaltiger Baum, die Rinde runzlig, die Zweige mit dicken, sattgrünen Blättern überwuchert, ein pflanzlicher, einsamer Monolith, der in den frühen Strahlen der Sonne einen mächtigen Schatten

warf, und dem in dieser trockenen Ebene nur ein paar Felsen und etwas halbverdorrtes Gestrüpp Gesellschaft leisteten.

„Was ist das für ein Baum?" fragte Sonne.

„Wie die Menschen ihn nennen, weiß ich nicht", sagte Tanner, „es ist mir auch gleichgültig, denn Pflanzen haben, so wie Tiere, von Natur aus keine Namen, und sie brauchen auch keine. Aber schau ihn dir an: Dies ist der einzige Baum hier draußen. Er steht dort wahrscheinlich seit drei- oder vierhundert Jahren, vielleicht noch länger. Vermutlich sind seine Wurzeln so lang, dass er sich aus dem Grundwasser versorgt, denn Regen gibt es hier in der Wüste vielleicht zweimal im Jahr, und dies auch nur in geringen Mengen. Er ist ein Überlebenskünstler und Außenseiter. Aber siehst du, wie er da steht, in Kraft und Stille, einsam und allein, aber doch so ruhig, breitbeinig und selbstsicher? Er ist sich selbst genug und beherrscht in seiner Ruhe die ganze Gegend. Von allen Lebewesen, die ich im Lauf meiner Jahre kennengelernt habe, ist er bei weitem das beeindruckendste."

Tanner und Sonne umkreisten den Baum mehrmals, mit respektvollem Blick alle Einzelheiten des Stammes, der Äste und der Blätter studierend, blieben ab und an stehen und musterten ihn mit in die Hüften gestemmten Händen von der Krone bis hinunter zu den Wurzeln. Schließlich holte Tanner aus dem Wagen zwei Campingstühle, baute diese im Schatten des Baumes auf, stellte dann noch einen kleinen Klapptisch dazu und auf diesen eine Flasche Wasser drauf.

„Ich hätte nicht gedacht, dass ich einmal mit dir in der Wüste unter einem Baum sitzen würde", sagte Rolf Sonne.

„Und wie fühlst du dich dabei?" fragte Tanner.

„Ich habe mich nie besser gefühlt."

Tanner ging noch einmal zum Wagen, holte den Fotoapparat, montierte ihn auf ein Stativ, nahm ein paar Einstellungen vor und aktivierte anschließend den Selbstauslöser. Dann setzte er sich wieder an den Tisch.

„Lächle", sagte er zu Sonne.

Am Ende dieses Tages wollte Rolf Sonne seinen Freund bei der Zubereitung des Abendessens unterstützen, wurde von diesem aber der Küche verwiesen, nachdem sich Sonnes Begabung als Koch als sehr übersichtlich herausgestellt hatte. Der Komponist nahm daraufhin auf einer Bank vor dem Haus Platz, und es folgte der obligatorische Griff in die Brusttasche seines Hemdes zum Zigarettenpäckchen, aber dann fuhr die Hand wieder zurück, und er verschränkte die Arme hinter dem Kopf und lehnte sich zurück. Harry Tanners Kombi stand hier, seine grüne Haut gleißte im Feuer, in dessen Mittelpunkt die Sonne stand. Über ihr war der Himmel noch blau, unter ihr die Wüste rot. Rolf Sonne schloss die Augen und lauschte der Stille. Nur der Wind sprach gelegentlich, und ein unsichtbarer Vogel antwortete.

*

Es war Monica Sonnes Geburtstag, und das weiße Haus am Meer sah sich der Überschwemmung durch eine Menschenwelle ausgesetzt. In der Eingangshalle, im Wohnzimmer, auf der Terrasse und im Garten war ein buntes, lautes Heer von Gästen eingefallen, besetzte das befreundete Gelände flächendeckend und richtete sich ein, und da es helllichter Tag war, ein Sonntag zudem, jagte als Verstärkung eine Kompanie an Kindern über die Gänge und Treppen, die Tochter der Sonnes, als kleinste von ihnen allen, so gut mithaltend wie sie konnte. Monica Sonne war in ihrer Doppelrolle als Jubilarin und Dame des Hauses in ihrem natürlichsten Element, genoss als Mittelpunkt des Festes und Anlaufstelle für zahlreiche Freunde und Freundinnen reichlich Zuwendung und Aufmerksamkeit, freute sich über die nicht abreißende Flut an Geschenken, und unterhielt bei allem, was sie tat, stets eine vielköpfige Zuhörerschaft mit endloser und auch lautstarker Lust am Fabulieren. Ihr Mann fand dabei keine Ruhe, sondern sah sich, nachdem Mrs. Gaines kurzfristig abgesagt hatte, als Oberkellner zwangsrekrutiert, hastete daher unablässig auf den Gängen auf und ab und hin und her und hatte dafür zu sorgen, dass der stete Fluss an Getränken nicht versiegte. Das in der Küche aufgebaute Büfett ging weit schneller zur Neige, als Monica Sonne vorausberechnet hatte, und ihr Mann bemerkte es mit leiser Genugtuung, hoffte er doch, der bevorstehende Mangel an fingerfertigen Häppchen und Schnittchen und Portiönchen würde der für ihn so stressigen Feier ein schnelles Ende bereiten. Monica Sonne wechselte mit ihrer zahlreichen Anhängerschaft gerne den Standort, man

fand sich mal im Garten, dann im großzügigen Wohnraum oder sogar in der Küche, während ihr Mann versuchte, wenigstens in seinen kurzen Pausen abseits zu bleiben und vielleicht jemanden in der Menge zu erspähen, der ihm besser vertraut war als die alten Freundinnen seiner Frau mit ihren neuen Ehemännern. Dennoch, nach oberflächlichen Gesprächen stand ihm nicht der Sinn, so beschränkte er sich darauf, sie alle zu beobachten, wie ihre Münder nicht stillstanden, sei es zum Sprechen oder Essen oder zum einen oder anderen überreizten Lachen. Gern hätte er sich eine Entspannungszigarette gegönnt, hatte aber das Päckchen nicht bei sich, sondern es im Musikzimmer gelassen, da er sich geschworen hatte, nur noch dort zu rauchen, bevor er es sich ganz abgewöhnen würde. In diesem Moment blickte seine Frau suchend um sich, und er wusste genau, wem dieser Blick galt und was er zu bedeuten hatte, es waren mit hoher Wahrscheinlichkeit irgendwo die Getränke ausgegangen und schneller Nachschub war gewünscht, aber Rolf Sonne hatte keine Lust mehr auf den Kellnerjob, dafür umso mehr Spaß am Versteckspiel, denn er machte sich klein, duckte sich hinter eine Säule, unterlief die Blicke seiner Frau. Viel lieber hätte er sich in seinem Musikzimmer eingeschlossen, betrachtete die Feier in diesem großen Umfang als Lästigkeit, als eine Beeinträchtigung seiner selbst, seiner Musikerpersönlichkeit, seiner uneingeschränkten Entfaltung im eigenen Haus. Aber so war es immer gewesen an Monicas Geburtstagen, nur schien es ihm, als kämen jedes Jahr mehr Gäste, und darunter auch immer mehr Menschen, die er nicht kannte, oder sich

nicht mehr an sie erinnerte. In der Menge sah er Jack Hamilton, der wie immer mit von ausladenden Gesten untermalte lange Vorträge hielt und dazu ein halbes Dutzend schweigend zustimmender Nicker um sich geschart hatte, sekundiert von seiner Frau, die hinter ihm stand und schwieg, nur starr lächelte und den Halbkreis der Nicker nach den passenden Stichworten ihres Mannes in die jeweils nächste Nickrunde führte. Der Filmproduzent schien Sonne mittlerweile völlig fremd, wie ein Angehöriger einer Welt, die er nicht mehr länger bewohnen wollte. Vieles hatte ihn vorher schon an Hamilton gestört, aber was Sonne nicht vergessen konnte und ihm immer wieder aufs Neue ärgerte, war jene Episode im Garten der Hamiltons, als er über Kennys tiefsinnige Antworten einfach hinweggelacht hatte. Da sprach jemand Gold, doch Hamilton hielt es für Plastik. Wie roh, wie un- geschliffen schien ihm dieser Mann jetzt, wie ungehobelt sein Verhalten, und er wollte sich ihm auch jetzt nicht länger aussetzen, sondern entfloh schließlich und endlich vor der festlichen Gesellschaft, ging nach oben und angelte im Musikzimmer seine Zigaretten hervor, öffnete die Fenster weit, um Aroma und Frische des Ozeans ins Zimmer zu lassen, blies ihm den Rauch entgegen, stellte dann fest, dass ihm die Zigarette nicht schmeckte und drückte sie schnell wieder aus. Er legte eine Cassette mit von seinem Klavierspiel begleiteten Gesangs Susans ein, setzte sich dazu auf die Klavierbank und lauschte, und es gefiel ihm. Irgendwann ging eine der Doppeltüren einen Spalt auf, gerade groß genug, dass ein kleiner blonder Kopf hereinlugen konnte. Rolf Sonne erkannte

die Tochter einer der Freundinnen seiner Frau, der Name des Mädchens war ihm jedoch nicht geläufig. Er lächelte ihr aufmunternd zu. Sie fragte, ob sie hereinkommen dürfe, und Sonne machte eine auffordernde Geste. Die Kleine schloss die Tür hinter sich, trat näher, blieb vor einem der Lautsprecher stehen, und hörte mit leicht abwesendem Gesicht der Musik zu. Als das nächste Lied begann, setzte sie sich in respektvollem Abstand, aber ohne falsche Schüchternheit zu Rolf Sonne auf die Klavierbank, sagte nichts, sondern zeigte wieder ihren unbewegten Gesichtsausdruck, während nur ihre Augen träumerisch hin und her wanderten.

„Das ist schön", sagte sie schließlich und schaute Rolf Sonne an.

„Gefällt es dir?" fragte er freudig. Die Kleine nickte heftig und stumm, und lauschte.

Noch mehr Grund zur Freude fand Sonne am nächsten Tag bei den Aufnahmen mit Susan, und weil der Überschwang und die gute Stimmung auch noch weiter in ihm rollten, als beide am späten Abend das Studio verließen, lud er seine Sängerin in eine nahegelegene Bar ein. Er erkundigte sich nach Kenny, und Susan erzählte, dass Kenny nicht nur dem Umzug in eine ländlichere Gegend zugestimmt, sondern beide auch einen Hochzeitstermin festgelegt hatten, und sie Wert darauf legten, ihn dabei als Gast begrüßen zu dürfen.

„Da darf ich auf keinen Fall fehlen", sagte Sonne. „Ich freu mich für euch."

„Ich freu mich auch sehr. Stell dir vor, er hat gesagt, er liebt mich."

„Das wundert mich nicht. Er ist der Typ, der meint, was er sagt."

„Ja, er ist eine echte Ausnahmeerscheinung. Er lügt nie. Nicht mal, wenn es um Liebe geht."

Sonne merkte, dass er den Alkohol spürte, den er im Verlauf des Abends seinem Körper zugeführt hatte, und dass es allmählich Zeit wurde, aufzubrechen. Im Taxi nach Hause, reglos auf dem Rücksitz eingesunken, die Hände wohlig auf den Oberschenkeln ruhend, genoss er das warme Wurlen im Bauch, diese Mischung aus satter Befriedigung über einen harten und produktiven Arbeitstag und der leichten Rauschwirkung des Alkohols. Dann kurbelte er das Fenster herunter, trank den kühlen Fahrtwind und zählte die Diamanten im schwarzen Samt des Himmels.

*

Die Sonnes saßen beim Frühstück, und Rolf Sonne versuchte im Moment, seine im Kinderstuhl zappelnde kleine Tochter mit mundgerecht zurechtgeschnittenen Toasthäppchen zu füttern, als seine Frau laut und energisch dazwischenging und ihn belehrte, dass das Kind dies selbst können müsse, und schob den vor Sonne stehenden Teller ihrer Tochter hin. Die Kleine plapperte und piepste vergnügt, sah mal ihren Vater,

mal ihre Mutter an, die ihr sagte, dass sie schön essen solle. Als das Telefon läutete, ging Monica Sonne selbst hin, kam dann zurück und berichtete, es wäre Mrs. Gaines gewesen, ihr Mann sei gestorben, und sie hätte um eine Woche Urlaub gebeten. Rolf Sonne fragte nach, wann die Beerdigung sei, aber seine Frau zuckte nur mit den Schultern, sie wusste es nicht, sie hatte nicht danach gefragt.

Abends rief Sonne bei Mrs. Gaines an, die jedoch nicht selbst ans Telefon kam, und erfuhr im Gespräch mit ihrer Schwester den Beerdigungstermin. Am betreffenden Tag fuhr er zum Friedhof, schloss sich allerdings nicht der Trauergemeinde an, sondern lehnte sich an seinen Wagen und beobachtete das Geschehen aus respektvoller Entfernung von der Straße aus, die unvermeidliche Zigarette im Mundwinkel. Er hielt es dort jedoch nicht lange aus, die Luft war heiß und schwer und feucht und kaum zu atmen, überall prallte man gegen die Hitze wie gegen eine Mauer, und schließlich fand Sonne gnädigen Schutz im Schatten eines großen Baumes. Die Menge der Trauernden war klein, Sonne zählte lediglich ein halbes Dutzend Menschen vor dem Grab versammelt. Der Geistliche hörte gerade auf zu sprechen und klappte sein Büchlein zu. Sonne konnte Mrs. Gaines' Gesicht nicht sehen, sie stand abgewandt von ihm, gestützt von zwei Frauen, den Blick nach unten auf den sich senkenden Sarg gerichtet, mit ihm immer tiefer sinkend, so dass sie von den beiden Frauen mühsam wieder aufgerichtet werden musste, und trotz der Entfernung konnte Rolf Sonne ihr Wehklagen deutlich vernehmen. Wieder zog es sie zu Boden, auf die Knie, und ihre Begleiterinnen taten

ihr es schließlich gleich, da sie nicht vermochten, die Trauernde wieder aufzurichten, versuchten nur, ihr Trost zu spenden. Sie sank immer weiter in sich zusammen, tröstende Hände auf ihren Schultern, die sie schließlich ergriff und sich an ihnen festklammerte, während ihr Oberkörper im Rhythmus ihres Weinens zuckte. Schließlich kippte sie langsam seitwärts, von der Gegenseite noch zurückgezogen, die dann aber dem Gewicht des erschlaffenden Körpers nachgab, sie fiel zur Seite in den Schoß der Frau neben ihr, und diese fasste ihr unters Kinn, um ihren Kopf zu heben, und begann dann, hektisch mit der freien Hand zu fuchteln. Es löste sich ein Mann aus der kleinen Schar Trauernder, eilte, so schnell es sein fortgeschrittenes Alter zuließ, davon, und wenige Minuten später fuhr ein Krankenwagen vor. Ein Sanitäter kniete bei Mrs. Gaines, gab seinem Kollegen dann ein Zeichen. Man bettete die Frau auf eine Bahre, rollte diese eilends zum Krankenwagen, dieser fuhr davon, begleitet von einem Wagen, in den die zwei Frauen sowie ein älterer Herr eingestiegen waren. Zwei Männer waren schließlich noch übrig, sie verließen den Friedhof und kamen schweren Schrittes und mit gesenkten Häuptern an Rolf Sonne vorbei, der immer noch im Schatten des Baumes stand.

„Der Schmerz", sagte der eine, „der Schmerz und die Hitze. Es war zu viel für sie."

„Mach dir keine Sorgen, sie wird schon wieder", sagte der andere. „Aber schwer wird sie sich tun ohne ihn."

„Das stimmt. Sie waren immer noch fast so verliebt wie am ersten Tag. Und jetzt wurde ihr alles, was sie hatte, genommen."

„Leider. Es muss sich anfühlen wie dein eigener halber Tod."

Rolf Sonne sah den beiden Männern noch eine Zeitlang nach, ging zurück zu seinem Wagen, startete den Motor, schaltete die Klimaanlage auf maximale Leistung und genoss für ein paar Sekunden mit geschlossenen Augen den kalten Luftzug im Gesicht und in den Haaren. Er fingerte nach der Zigarettenschachtel in der Brusttasche seines Hemdes, betrachtete sie einen Moment und warf sie dann auf den Beifahrersitz. Dann machte er den Motor wieder aus und überlegte. Schließlich drehte er erneut am Zündschlüssel, manövrierte das Auto aus der Parklücke und in den dichten Verkehr hinein. Nach Hause zog es ihn nicht. Er steuerte Richtung Stadtmitte, direkt auf jene Häuser zu, die sich bis in den Himmel reckten, die schon fast greifbar schienen und doch noch Meilen entfernt waren, aber er kam nicht weit, der Verkehr wurde ihm lästig, zu viele Autos buhlten in der Hitze lärmend und blinkend und stinkend um Platz auf der Piste, und Rolf Sonne wollte sich dieser Form urbaner Hektik und automobilem Stress nicht länger aussetzen. Er brach aus der Formation der blechernen Streitwagen aus, ließ seinen Wagen in eine Seitenstraße stoßen und bestimmte stadtauswärts als die verheißungsvollste Richtung. Als er die verstopften Innenstadtstraßen hinter sich gelassen hatte, empfingen ihn die ruhigeren Straßen der Wohngebiete am Stadtrand, der Verkehrsstrom floss dünner und entspannter dort, es gab auch keine in den Himmel

gebauten Panzerpaläste aus Glas und Stahl, und die aus den grünen Mittelstreifen aufragenden Palmen in der hoch am Himmel stehenden Sonne warfen kurze Schatten. Er nahm spontan eine Abzweigung und lenkte den Wagen Richtung Küstenstraße, die nur wenige Minuten nach der Durchquerung der Wohngebiete ihren offiziellen Anfang nahm, obwohl vom Meer noch gar nichts zu sehen war. Nach einer halben Stunde hatte ihn die Stadt aus ihren Fängen gelassen, zu seiner Rechten erhob sich eine Anhöhe aus braunem Grasland, links schäumte die Brandung des Ozeans, vor ihm wand sich die graue Straßenschlange, die ihn parallel zu weiträumigen Stränden und Buchten Richtung Norden führte. Sonne schenkte dem Blick über das Wasser keine besondere Aufmerksamkeit, es war fast der gleiche Ausblick, den er von seinem Haus aus kannte. Dennoch steuerte er den Wagen zunächst in gemächlichem Reisetempo immer weiter am Meer entlang, bis er, einer spontanen Eingebung folgend, eine Abzweigung Richtung Osten ins Landesinnere nahm, und das Meer schließlich aus seinem Rückspiegel verschwand. Rolf Sonne schaltete die Klimaanlage des Wagens aus, kurbelte die Fenster links und rechts herunter und lockerte seinen Krawattenknoten Zu sehen gab es hier, in der für ihn fremden Gegend, zunächst nicht viel, das Land war flach, der trockene Boden von niedrigem, struppigem Grün bewachsen, nur ab und zu flogen sandige, rötlich schimmernde Anhöhen vorbei, und an diesen klebten oft kleine weiße Häuser. Immer noch fuhr er kaum schneller als fünfzig Meilen, erlaubt waren fünfundsechzig, aber Sonne wollte nicht rasen, er wollte

fahren, gleiten. Auf der Suche nach der passenden musikalischen Untermalung für diese kurzentschlossene Reise drehte
er das Radio an, spielte eine Weile an den Reglern, bis er einen
Sender gefunden hatte, der ihm lieferte, was er wollte, und
summte bei den Melodien, die er kannte, gutgelaunt mit. Um
sich selbst zu überraschen, verließ er die Straße bei der
nächsten Ausfahrt, auf deren Schildern Ortsnamen prangten,
die er noch nie gehört hatte. Das Land vor ihm blieb das
gleiche, flach und sandig, heiß und hell. An einer Kreuzung
entschied er sich für die kleinste Straße, die sich zwischen
kleinen Hügeln durchschlängelte, und reduzierte die
Geschwindigkeit noch etwas, um auf der sandigen Fahrbahn
nicht ins Schlingern zu kommen. Das letzte Haus hatte er vor
einer halben Stunde hinter sich gelassen, es gab hier scheinbar
nur ihn, das Auto und die Straße, die in den weiten Himmel
hineinzuführen schien. Eine kleine Gruppe verschwörerisch
dicht beieinanderstehender Bäume, die ehrwürdigen alten
Häupter mit stachligem Grün bekranzt, lockte ihn von fern mit
leidlichem Schatten als Haltepunkt für eine Pause. Sonne
lenkte den Wagen vorsichtig zwischen den Stämmen
hindurch, hielt und stieg aus. Er bemerkte die Hitze kaum, der
Anblick der hartnäckig mitten in der Wüste harrenden Bäume
begeisterte ihn, ebenso der unbegrenzte Ausblick über das
flache Land, und dann die Stille, nur ab und an von Knirschen
oder Knacken aus unbestimmten Richtungen und leisen
Unterhaltungen verhuschter Windböen unterbrochen. Vor ein
paar Wochen, als er bei Harry Tanner zu Besuch war, hatte die
Umgebung dort einen ähnlich starken Eindruck auf ihn

gemacht, und er fand, dass ihm der Anblick der Wüste mehr Ruhe und Entspannung verlieh als die Aussicht auf das Meer von seinem Musikzimmer, das mit seiner unablässig wühlenden Brandung und seinem leeren Horizont eine stetig nagende Unruhe in ihm nährte. Er ging ein paar Schritte auf und ab, um den vom langen Sitzen gemarterten und erschlafften Leib zu straffen, wühlte dann aus dem Handschuhfach eine Flasche mit viel zu warmem Inhalt hervor, was ihn aber nicht weiter störte, trank in großen Schlucken und beobachtete dabei, wie kleine Wolken am Himmel schmolzen. Das Rauschen des Windes wurde für einen Moment stärker, die stachligen Baumkronen über ihm nickten dazu heftig, aber es schien sich nur um ein kurzes Aufbäumen der Luft zu handeln, gleich wurde es wieder ruhiger, die struppigen grünen Köpfe standen wieder still, und der Wind senkte seine aufbrausende Stimme und besann sich seines Flüstertones. Nichts regte sich bis zum Horizont, obwohl Sonne genau wusste, dass im Sand Skorpione, Schlangen und Echsen lauerten, die ihn längst bemerkt hatten, während er sie nur ahnen konnte. Er griff nach der Zigaretten- schachtel, die er vor der Fahrt auf dem Beifahrersitz abgelegt hatte, steckte sich eine Zigarette in den Mundwinkel und war schon dabei, sie anzuzünden, als er innehielt und einmal tief durchatmete. Dann schleuderte er die Zigarette fort. Einer spontanen Idee folgend, hackte er mit dem Absatz seines Schuhs ein Loch in den Boden, vielleicht fünf, sechs Zoll tief, sich dabei mit einer Hand an einem der Baumstämme festhaltend, die andere in der Luft balancierend, so dass es auf

die Entfernung aussehen musste, als wollte er den Baum zum Tanzen verführen. Nachdem er das Loch für tief genug befunden hatte, legte er die Zigarettenschachtel hinein und schob mit beiden Händen reichlich Wüstensand darüber, drückte das so entstehende Grabhügelchen anschließend mit den Schuhsohlen platt, so als ob niemand die letzte Ruhestelle des Rauchwerks sehen dürfe.

Er sah nach oben. Auf den türkisen Wüstenhimmel hatte sich wieder eine einsame Wolke verirrt, und er beobachtete sie eine Weile bei ihrem Zug, bis sie im Kampf mit der Hitze verlor und sich auflöste. Dann setzte er sich ins Auto, fuhr nach Hause und eröffnete seiner Frau, dass er sich scheiden lassen wolle.

*

Rolf Sonne hatte immer ein sehr genaues Zeitgefühl gehabt, und als er jetzt, auf dem Sofa ruhend und aus dem Schlaf wieder zu sich kommend, zum durch die Ritzen der Jalousien schräg einfallenden Sonnenlicht hochblinzelte, wagte er nach kurzer Überlegung die Schätzung, dass er länger als seine üblichen fünfunddreißig Minuten geschlafen hatte, und dass es gegen halb fünf am Nachmittag sein musste. Er richtete sich auf und hielt seine Armbanduhr in einen einfallenden Sonnenstrahl. Es war zwei Minuten vor halb fünf. Befriedigt über seine zwar praktisch kaum nutzbare, aber hochgenaue

Begabung für Zeit, gönnte er sich noch ein paar Augenblicke wohliger Wärme und entspannter Behaglichkeit unter der Decke, während in seinen Kopf zahlreiche Gedanken zurückkehrten und dort ziellos im Kreis waberten, ihm aber allesamt zu nebensächlich schienen, um sie weiter- oder zu Ende zu denken. Schließlich erhob er sich und zog die Jalousie hoch, so dass die schwere Nachmittagssonne ungehindert durch die dünnen Gardinen dringen und in den verwinkelten Ecken des kleinen Wohnraums ihr trickreiches Spiel mit Licht und Schatten beginnen konnte. Rolf Sonne ging die zwei Schritte in die Küche hinüber und trank aus einer Flasche Mineralwasser, blickte zum Fenster hinaus, trat schließlich auf die Veranda und nahm im Schaukelstuhl Platz. Das Sonnenlicht fächerte sich durch die Stämme der Obstbäume, fing sich in violetten Blüten, die sich an der Hauswand hochreckten, und brachte sie wie kleine Lämpchen zum Leuchten. In einem Baumwipfel führte der nervöse Schatten eines Blauhähers kreischige Selbstgespräche, während der Wind von irgendwoher eine Wolke scharf-süßlichen Pflanzenduftes mitbrachte. Rolf Sonne freute sich an dem in kraftvoller Lebendigkeit wuchernden Garten, sog die kräftig schmeckende Luft ein, schaukelte dazu sachte in seinem Stuhl. Etwas später verspürte er Hunger, begab sich in die Küche, zog dort ein Kochbuch hervor, blätterte eine Weile, stieß schließlich auf ein Rezept, das ihm zusagte, wühlte in Kühlschrank und Küchenschränken nach den entsprechenden Vorräten und begann mit der Zubereitung, immer mit einem prüfenden Blick in das Kochbuch, um keinen Schritt auszu-

lassen oder eine wichtige Zutat zu vergessen. Nach dem Essen und dem anschließenden Abspülen begab er sich in das dem Wohnzimmer gegenüberliegende kleine Zimmer, wo unter dem Fenster ein altes Klavier auf seinen Einsatz wartete. Sonne setzte sich und spielte aus dem Stegreif eine kleine Melodie über drei, vier Akkorde. Nachdem sich die Tonfolge etwas gefestigt hatte, fand Sonne, dass sie nicht schlecht sei, schaltete den Kassettenrecorder ein, der auf dem Klavier stand, und nahm sie auf. Nach dem Abhören wollte er einen erneuten Durchgang aufs Band spielen, um ein paar spielerische Fehler auszumerzen, aber das Läuten des Telefons auf dem Gang kam ihm dazwischen. Am anderen Ende meldete sich Harry Tanner.

„Du hast mich vor einiger Zeit in meiner Einöde besucht", sagte Tanner. „Jetzt würde ich gerne dich in deiner besuchen." Man kam überein, dass Tanner am Wochenende vorbeischauen würde. Rolf Sonne freute sich und nahm in den verbleibenden Tagen die Gelegenheit dazu wahr, dem Haus mit Staubsauger und Putzlappen besucherreifen Glanz zu verleihen. Am Samstagnachmittag ging ein schweres Gewitter nieder, das jedoch nur von kurzer Dauer war, und als Tanners Wagen ans Haus rollte, stach die Sonne schon wieder durch die letzten nassgrauen Gewitterwolken, traf auf die zehntausend Regentropfen auf dem Fahrzeug und ließ es glitzern wie einen riesigen grünen Edelstein. Rolf Sonne hatte die Ankunft seines Freundes durchs Küchenfenster wahrgenommen, eilte hinaus, und die beiden Männer umarmten

sich. Tanner griff noch einmal ins Wageninnere und holte ein kleines Paket hervor, das er Sonne in die Hand drückte.

„Du hast an Farbe gewonnen", stellte er dabei fest, „und an Gewicht verloren."

Nach einer Führung durchs Haus, bei der Tanner auch gleich eine der beiden Dachkammern als Übernachtungsmöglichkeit zugewiesen bekam, setzten sich die beiden Männer auf die Veranda, Sonne mit einer Flasche Wein bewehrt, während Tanner sich wie üblich mit Wasser begnügte.

„Ich habe das Gefühl, dass du keinen besseren Platz hättest finden können als dieses kleine Haus hier in dieser schönen, ruhigen Gegend", sagte Tanner.

„Fast wäre ich in die alte Heimat gezogen", antwortete Sonne. „Ich vermisse die Sprache, die Leute, die Fachwerkhäuser…" Er sah mit bedauerndem Blick auf das Etikett der Weinflasche und ergänzte: „Und den Wein."

„Du würdest deine Tochter kaum noch sehen."

„Deswegen bin ich hiergeblieben und bringe dieses Opfer. Und du hast natürlich recht, ich habe es gut hier."

„Außerordentlich gut", bestätigte Tanner, und sie ließen Wein- und Wasserglas aneinander klacken. „War deine Platte ein Erfolg?"

„Ein bescheidener. Die Kritiker mochten sie nicht."

„Kein Künstler sollte es nötig haben, von Kritikern gemocht zu werden. Mochtest du sie denn?"

„Ich mag sie immer noch. Und ich brauche den Verkaufserfolg nicht. Ich kann mir meine Musik leisten."

Nach dem Abendessen lud Sonne seinen Freund zu einem Spaziergang ein. Vom Haus führte ein unbefestigter Weg auf eine bewaldete Anhöhe, deren höchsten Punkt man nach einem halbstündigen Fußmarsch erreichte, sich dort auf einer Holzbank unter einem Baum niederließ und den Ausblick hinunter auf das weite Land genoss.

„Ich freue mich für dich", sagte Tanner. „Du hast dich verändert."

„Es ist eine Weile her, dass wir uns gesehen haben, Harry", antwortete Sonne. „Es ist viel passiert seither."

„Du bist daran gewachsen. Und du hast getan, was dir am besten tat. Man merkt es dir an."

„Ich danke dir. Es ist oft nicht leicht, an einer Lebenskreuzung links oder rechts abzubiegen. Dann muss man eine Entscheidung treffen. Und das habe ich getan."

„Du hast den richtigen Weg genommen. Du hast eine Entscheidung getroffen und lebst damit. Nicht alle Menschen haben so viel Mut."

Die Männer schwiegen eine Weile. Es war kein peinliches Schweigen, sie kannten sich lange genug, um nicht dauernd reden zu müssen, und Sonne wusste, dass sein Freund ohnehin über eine umfassende Begabung zum Schweigen verfügte. Er schlug dann vor, noch ein Stück weiterzugehen, und die beiden erreichten eine Stelle, an der der Wald gelichtet war und Platz für ein kleines Farmhaus samt Pferdestall freigab. Sie blieben am Zaun stehen und beobachteten, wie der Farmer aus dem Haus kam, den Stall öffnete und ein Pferd auf die Koppel ließ. Das Tier zögerte zunächst, schien den Stall gar

nicht verlassen zu wollen, und trottete unschlüssig, in alle Windrichtungen schnuppernd und witternd, am Zaun entlang, bis es begann, mit den Hinterbeinen auszuschlagen und schließlich losgaloppierte, kreuz und quer über die Koppel, mal geradeaus, mal Haken schlagend, aber immer im wilden, kraftvollen Galopp, mit flatternder Mähne und wehendem Schweif, und dann kam es den beiden Männer am Zaun so nahe, dass diese zurückweichen mussten, aber schon stürmte es wieder davon, die Koppel hinauf in vollem Lauf, den Kopf hin und her schleudernd und überschwänglich wiehernd, während unter seinem in der Abendsonne glänzenden Fell die Muskeln bebten.

„Ein schönes Tier", fand Harry Tanner.

„Allerdings", bestätigte Rolf Sonne. „Und es genießt seine Freiheit."

Tanner sah ihn an und lächelte vielsagend.

Am nächsten Morgen fanden sich Rolf Sonne und Harry Tanner auf der Veranda zum Frühstück ein.

„Etwas muss ich dich noch fragen", sagte Tanner. „Wie ist deine Beziehung zu Monica jetzt?"

„Sie hat während der Scheidung gedroht, mir ein Verhältnis mit Susan anzuhängen, um mehr Geld herausschlagen zu können", antwortete Rolf Sonne und hielt einen Moment inne.

„Ich hätte nicht gedacht, dass sie mich so hasst", fügte er dann noch hinzu.

„Ihr hattet euer Verfallsdatum lang hinter euch, Rolf."

Sonne nickte langsam. „So ist es wohl."

„Was ist aus deinem goldenen Klavier geworden?"

„Ich habe es verkauft. Und ich bin nicht traurig darüber. Zuletzt fand ich es albern."

„Es ist meist eine gute Sache, sich von den Symbolen der Vergangenheit zu verabschieden."

„Das stimmt. Ohne die Lasten von gestern lassen sich neue Wege viel leichter beschreiten."

Als Harry Tanner nach dem Frühstück Richtung Heimat aufgebrochen war, fand Rolf Sonne das kleine Paket wieder, das ihm der Freund bei seiner Ankunft überreicht hatte, und welches er zunächst gedankenlos beiseitegelegt hatte. Aus dem Packpapier entblätterte er eine gerahmte Fotografie: Er und Harry Tanner im Schatten des beeindruckenden Wüstenbaumes am Campingtisch sitzend, dabei ausgelassen und gutgelaunt in die Kamera lachend, wobei Sonne fand, dass sein Lächeln verkrampft und gezwungen schien, während Tanners Miene wesentlich entspannter wirkte. Vermutlich war ich früher so, dachte er, und: Hoffentlich bin ich heute nicht mehr so. Er las die Widmung, die Tanner schräg in der linken oberen Ecke des Bildes verfasst hatte:

„Zur Erinnerung an einen denkwürdigen Tag an einem denkwürdigen Ort. Manchmal ist es so leicht, Freiheit zu genießen. Rolf Sonne und Harry Tanner, Whitmore Desert, Arizona, 7/7/1977. H. T."

Sonne durchwühlte eine Schublade in der Küche nach dem Hammer, fischte aus einer Pappschachtel einen Nagel und

hängte das Bild im Wohnzimmer auf. Er betrachtete es eine Weile und sah dabei zufrieden und gutgelaunt aus. Dann versuchte er sich daran zu erinnern, was er sich für heute noch vorgenommen hatte. Schließlich fiel es ihm ein: Er nahm eine alte Holzkiste, ging hinaus in den Garten, sah an einem der fruchtschweren Apfelbäume hoch, zögerte einen Moment, packte dann, auf Zehenspitzen balancierend, einen der Äste und rüttelte kräftig daran, so dass sich ein kleiner Hagelschauer aus roten Früchten über ihn ergoss. Er pflückte die Äpfel aus dem hohen Gras, legte sie in der Holzkiste ab, ging dann auf die andere Seite des Baumes und wiederholte den ganzen Vorgang. Eine zweite Holzkiste wurde benötigt, so machte sich Sonne in dem kleinen Schuppen neben der Veranda auf die Suche, fand die gesuchte Kiste und stellte sie unter den Baum. Dann drehte er sie um, ließ sich darauf nieder, griff sich einen Apfel, betrachtete freudig dessen Glanz und volle Röte und biss mit Genuss hinein. Der Blauhäher im Gebüsch kreischte dazu, und ein Schmetterling flatterte in der Wiese wählerisch von Blüte zu Blüte und zog dann mit leichtem Flügelschlag zwischen den Schatten der Obstbäume davon.

escola - سکول — 2
viatge - سفر — 5
transport - ٹرانسپورٹ — 8
ciutat - شہر — 10
paisatge - منظر — 14
restaurant - ریسٹورنٹ — 17
supermercat - سپر مارکیٹ — 20
begudes - مشروب — 22
menjar - کھانا — 23
granja - فارم — 27
casa - گھر — 31
sala d'estar - لونگ روم — 33
cuina - باورچہ خانہ — 35
bany - باتھ روم — 38
cambra de nen - بچیاں نا کمرہ — 42
roba - کپڑے — 44
oficina - دفتر — 49
economia - معیشت — 51
oficis - پیشہ — 53
eines - اوزار — 56
instrument de música - موسیقی نے آلات — 57
zoo - چڑیا کھار — 59
esports - کھیڈنا — 62
activitats - کم — 63
família - کنبہ — 67
cos - جسم — 68
hospital - ہسپتال — 72
urgència - ایمرجنسی — 76
terra - زمین — 77
rellotge - گھڑی — 79
setmana - ہفتہ — 80
any - سال — 81
formes - شکلاں — 83
colors - رنگ — 84
oposats - مخالف — 85
nombres - اعداد — 88
llengües - بولی — 90
qui / què / com - کون/ کی / کیویں — 91
on - کتھے — 92

Impressum
Verlag: BABADADA GmbH, Nedderfeld 112 , 22529 Hamburg
Geschäftsführer / Verlagsleitung: Harald Hof
Druck: Books on Demand GmbH, In de Tarpen 42, 22848 Norderstedt

Imprint
Publisher: BABADADA GmbH, Nedderfeld 112 , 22529 Hamburg, Germany
Managing Director / Publishing direction: Harald Hof
Print: Books on Demand GmbH, In de Tarpen 42, 22848 Norderstedt